NEW CLASSIC LIBRARY

「天皇の原理」

小室直樹

Naoki Komuro

解説文

小室直樹による宗教原理の解明から天皇の原理が導き出される

この本が新たに、全国にいる小室直樹の読者（信者）の結集軸となるでありましょう。

小室直樹先生が逝去して13年になる。先生は２０１０（平成22）年９月28日に亡くなった。享年78歳。翌年の３月11日に東日本大震災があった。

私は先生の生前、直接先生から教えを受けた者として、先生の霊《れい》と書物とに向き合いながら時々考え込む。

先生の霊は、先生が遺《のこ》された全著作73冊の書（巻末に一覧表を載せた）と共に有る。それらを繙《ひもと》くと、深い知恵が滾滾《こんこん》と湧いてくる。

先生の本を熱心に読む者たちは、今や小室直樹教《きょう》の教徒（信仰者）となった。小室先生は霊的存在となられた。

　小室直樹は、日本が生んだ本当の大《だい》天才である。他の思想家や知識人たちとは隔絶して、超然としている。先生の学識は広大であり無辺である。このことは、小室本《ぼん》を読む人々の共通の理解である。私が先生の人柄に直接した者として思い出し回顧することはたくさんある。

　これほどの大《だい》知識人は、日本にはもはや現《あらわ》れない。空前絶後《くうぜんぜつご》（これ迄も現れないし、これからも現れない）と言うべきである。

　小室直樹は死んで霊的存在になったが、同時に小室教学《きょうがく》の主唱者（プロタゴニスト protagonist）である。死して猶《な》お霊であると同時に、小室百学《ひゃくがく》の逐条解説者《コメンタトーレ》であり続けている。先生は、まさに百もの学問を渉猟《しょうりょう》し、その深淵《しんえん》に至達した碩学《せきがく》である。死してその学問的遺産の巨大さと私たちは直面する。私は、浅学菲才《せんがくひさい》にして、小室先聖《せんせい》の十分な解説者の能力を持たない。だが、その先鋒《せんぽう》、先鞭《せんべん》をつけることはできる。

　本書は、1993年、先生が60歳のときに書かれた。

　本書の中心の課題《テーマ》は、日本国《こく》の「天皇の原理」を顕《あき》らかにしたことである。ところが、そこに至る天皇の原理の導出《どうしゅつ》に宗教の原理が横たわる。

　冒頭から、この地上（人類の五千年史）に存在する大《だい》宗教たるユダヤ教とキリスト教の原理が延々《えんえん》と解説《コンメンタール》される。ここに中国の儒教と仏教の原理が加わって、比較宗教の壮大で絢爛《けんらん》豪華たる知識が縦横無尽に横溢《おういつ》する（溢《あふ》れ出る）。さらにイスラム教の原理との対比も加わる。

先生は進んで第６章では、「日本における法（law《ラー》）の不在」となって、世界と隔絶する日本教《きょう》の原理が解説《コンメンタール》される。

「わが国の仏教が（インド、中国伝来の）戒律《かいりつ》を遂に抹殺《まっさつ》したこと」（本書Ｐ２０９）で、「日本における法の不在」となった。日蓮、法然、親鸞と続いて「日本は、仏教の戒律の一切を消してしまった」即《すなわ》ち「（日本人は）法律などにうったえてカドを立てるよりも、以心伝心で阿《あ》吽《うん》の呼吸の間に解決したほうが、紛争の解決は容易である」（同ページ）。

これが第７、８章で「天皇の原理」の大団円《だいだんえん》（証明の完成）となる。天皇は、承久《じょうきゅう》の変（西暦１２２１年。後鳥羽《ごとば》上皇のとき）に、北条氏によって、一旦滅び、しかし復活（レザーレクション　resurrection）した。

古代王朝（平安時代の末期）はこのあと、後醍醐《ごだいご》天皇の建武中興（１３３３年）の失政（武家を圧迫したために反抗が起きた）で再び滅んだ。そして武家《ぶけ》の世になった。しかし、江戸時代に長く涵養《かんよう》された山崎闇斎《あんさい》の崎門《きもん》の学（幕末の水戸学を含む）が、尊王《そんのう》の思想となって結実《けつじつ》、台頭し、明治維新で王政復古《レストレーション》して、天皇は２度復活した。

だが、これが、昭和の戦争（第２次世界大戦。１９４５年結末）で、日本は初めての敗戦国となり、天皇は３度死んだ。天皇の原理は風前の灯《ともしび》となった。だがこのあと、日本国天皇は、イエス・キリストの死と復活（レザーレクション）と全く同じく、3度目の復活《レザーレクション》を果した。そして今に存続する。

日本史上1度目の天皇の大失政は、74代鳥羽《とば》天皇（在位1107〜1123年）の、女狂いから起きた。鳥羽天皇は上皇になって、美福門院《びふくもんいん》という女御《にょうご》に色狂った。1141年（永治《えいじ》元年）に、自分の長男（嗣子《しし》）である崇徳《すとく》天皇を無理やり退位させた（まだ23歳）。そしてこの愛人（寵姫《ちょうき》）との子で何とまだ3歳、を天皇にした。これが近衛《このえ》天皇（76代）である。崇徳天皇は怒り狂って、以後長く日本国の祟神《たたりがみ》となる。

鳥羽上皇が色狂ったことで天倫《てんりん》の序《じょ》（長子相続法）を壊したために、天下大乱となって保元《ほうげん》の乱《らん》（1156年7月）を引き起こした。この時、高位貴族である藤原摂関家《せっかんけ》だけでなく、天皇の警護役（左馬守《さまのかみ》。馬の口取り）であった、源氏と平氏の侍《さむらい》たちまでが、肉親まで分裂して合い食《は》む、激しい戦闘になった。この時、日本の古代王朝（平安王朝末期）が終わった。

このことを書いたのが、栗山潜鋒《くりやませんぽう》（儒学者《じゅがくしゃ》、水戸藩士）の『保建大記《ほうけんたいき》』（1689年刊）である。

この日本歴史の大事件は、本書に先行する小室先生の「天皇恐るべし（畏るべし）」（1986年、文藝春秋刊。2016年ビジネス社から復刊）に詳しく書かれている。

それでも、天皇は復活（レザーレクション）した。それは何故か。このことが本書第7章の「天皇と日本」に導出されている。

天皇の復活

承久の乱（1221年。北条義時《よしとき》による後鳥羽上皇の島流し）は、「ポツダム宣言」受諾（1945年8月15日）、「天皇の人間宣言」（1946年1月1日。天皇の神格《しんかく》否定の詔書）にも比すべき、日本史最大の事件である。

天皇の神勅的正統性《しんちょくてきせいとうせい》に致命的打撃を与え、ひとたびは、これをこなごなに粉砕した。この正統性の破片をひろいあげて結び合わせ癒着させて生体にまとめ上げる作業。というよりもこれは、イエス・キリストの復活そのものである。

ひとたび十字架上で死したイエス・キリストは復活する。

復活することによって、イエスはキリストであることを証明した。神であることを証明したのであった。死と復活によってはじめて、人びとはイエスを信ずるようになった。死と復活。これがキリスト教の要諦。

（本書P223〜224）

小室直樹は、ここではっきりと「イエスの死と復活（を認めること）」をキリスト教の根本即ち要諦《ようたい》とする。これとの類推《コロラリー》どころか、まさしく同一型《アイソモルフィック》として、日本天皇の死と復活を大きく促《とら》える。

「天皇」は神である。その「神である」とは、「キリスト教的神である」。

これ、本書のテーマである（引用者注。本書の中心の主張である）。

キリスト教において、神は死んで復活する。

つぎに、日本歴史において、天皇の死と復活のプロセスを見てゆきたい。

天皇の死。それが、承久の乱。

神勅的正統性によれば、天皇に抵抗するということは、あり得《う》べからざることである。

天皇は絶対に正しい。

これが、天皇イデオロギーの生命。

その生命が断たれたのである。まさに、天皇の死。


（本書Ｐ２２５）


そしてこのあと天皇は復活する。

この本の本髄がここではっきりと書かれる。


神による人間の救済《サルベーション》（救《すく》い）について予定説がある。

救済は予《あらかじ》め、神によって決められている。この考えを救済の予定説（プレデスティネイション　predestination）と言う。この考えは、まずイエス・キリストの使徒（アポストル）を自称したパウロ（Paul紀元後40年ごろ）によって提起された。のちに、ヨーロッパのプロテスタント運動の時、フランス人のカルヴァン（Calvin１５３０年代）によって唱えられた。

神が、その人あるいは民族（国民）を救済するか、あるいは救済しないか、は前もって予め決定されている。だから、その人がどんなに深くキリストを信仰し、まじめに生きても、救済されるか否かは、神だけが決める。かつ、そのことはすでに予《あらかじ》め決定されている、という理論である。

このキリスト教の救済の予定説《プレデスティネイション》は、そのまま日本国の天皇の原理に置き換わる。

小室直樹によって、神による救済の選別（選《えら》び）は、非情のものとして使徒パウロによって次のように書かれている。


こうして選《えら》びは望《のぞ》む者《もの》や走る者《もの》によらず、神《かみ》のあわれみによる。

（「ローマ人への手紙」第9章 16）


人間が、意志や努力によって（いくら）道徳を実践したとて無意味。救済《すくい》（選び、予定）とは、全然、関係ない。

（本書P136）


救われる者と救われない者の区別の神による予定は、天地創造より前に決定されており、人間がどんなよいこと（わるいこと）をしてもしなくても、絶対に動かせない。

これを人間が動かし得るなどと考えることは、あり得べからざる思想である。

（本書P136）


従って、自分が救われるか否かを神に問いかけてはならない。「神に問うなかれ。神を試《ため》すなかれ」そして、これと全く同形のものとして、日本国の神である天皇は、絶対的に無条件に存在する。

小室直樹先生には、本書②『「天皇」の原理』（1993年初版。文藝春秋。42冊目）の他に、「宗教の原理」についての重要な2冊がある。それは、前記した①『天皇恐るべし』（1986年初版、文藝春秋刊。のちビジネス社復刊。24冊目の本）と、③『日本人のための宗教原論』（2000年徳間書店刊。59冊目の本。先生が68歳の時の本）である。この3冊を繰り返し読むことで、私たちは、小室直樹の思想の根本に到達することができる。

「神が正しいと決めたから、正しい」（本書P234）。

このことは即ち正義《ジャスティス》（正しいこと）は神への信仰のみによって決定される。

〝Justice《ジャスティス》 is《イズ》 decided《デサイデッド》 by《バイ》 faith《フェイス》 alone《アローン》.〟

と現代の英語では平易に言われる。しかしいくら人が信心深くても、善行を積んでも、救われる（救済される）か否かは神が決める。

山崎闇斎の崎門《きもん》の学は、前出した栗山潜鋒の『保建大記《ほうけんたいき》』（1689年）と、同時代の浅見《あさみ》絅斎《けいさい》によって深まる。

明治以来の天皇イデオロギーの神髄は、浅見《あさみ》絅斎《けいさい》（一六五二～一七一一）の説にある。「教典」は、『靖献遺言《せいけんいげん》』である。

ところで、ここに、摩訶不思議《まかふしぎ》なこと。日本人は、きれいに、浅見絅斎を忘れ去ってしまった。

幕末においては、『靖献遺言』はベストセラー（いや、ミリオンセラー）であり、明治初期においては、まだ、かなり、読まれていた。（本書P235）

この『靖献遺言《せいけんいげん》』が、幕末の尊王攘夷思想の強烈なイデオロギー（イデア・ロゴス）となって、激しい尊王思想となり、同時に攘夷《じょうい》（外国人、就中《なかんづく》欧米白人たちを直《ただ》ちに打ち払え）の排外主義《はいがいしゅぎ》（chauvinism《ショウヴィニズム》, xenophobia《ゼノフォービア》）煽動の書となった。これが「皇国史観《こうこくしかん》」の中心の書である。ところが。小室は書く。

「皇国史観」とひとくちに言ったって、

(1) 栗山潜鋒《くりやませんぽう》（一六七一～一七〇六）を代表とする崎門《きもん》の学の皇国史観。当時まだ、「皇国」という用語《ターム》はなかったが、説明の便宜のために、ここに使用しておきたい。

(2) 平泉澄《きよし》博士の皇国史観。同博士は、この用語を好まなかったが。

(3) 戦前・戦中（終戦直後）までの日本文部省製作の国史教科書、修身教科書などにおける皇国史観。

これら三者は、卒爾《そつじ》にして一瞥《いちべつ》を投ずるときには、あるいは似ているような気もしてこようが、よく読んでみると、全然、ちがったものであることに気付くはずである。

〈中略〉

戦前・戦中の国史（上下二冊）、修身の教科書。「皇国史観」のかたまりと思いきや。

皇国史観のイデオローグ、プロタゴニスト（主役）、元祖開山《がんそかいざん》たる浅見絅斎《あさみけいさい》について一字も書いてないのである。絅斎は、完全に抹殺されているのである。

（本書P２３６〜２３７）

小室直樹は、皇国史観について、右の⑴⑵⑶の３つを挙げて、⑴の『保建大記』及び浅見絅斎の『靖献遺言』が、昭和の戦争の時代になって、⑶の文部省の国史教科書『国体《こくたい》の本義《ほんぎ》』によって摩《す》り替《か》えられ完全に、抹殺された、と書いている。

昭和（１９３０年代）になると、⑶のただ偏狭なだけの右翼思想家たちによって、天皇の原理、即ち皇国史観は大きく変質した。英と米による世界支配に、無謀、短慮《たんりょ》に反発し対決することで、英米の罠《わな》に嵌《はま》った、狭量の二流の国文学者や僧侶たちが結集して、田中智学《たなかちがく》という日蓮宗僧侶が八紘一宇《はっこういちう》（日本を中心とする世界統一）を掲げて「国体《こくたい》」というコトバを作り、「国柱会《こくちゅうかい》」（１９１４年創立）を作っていきり立つ軍人たちに影響を与えた。国粋右翼の議員たちが、憲法学者美濃部達吉の冷静に考えれば当り前の「天皇（は国家の）機関説」を排撃するために、「国体明徴《めいちょう》声明」（１９３５（昭和10）年２月）を発表した。昭和天皇は、機関説でいい、と言ったのだ。

この勢いに乗って前出の『国体の本義』（１９３７（昭和12）年）という、⑶の文部省作成の学校教科書を、山田孝雄《よしお》や久松潜一ら二流の国文学者たちが総結集して作った。そして彼らは天皇翼賛《よくさん》政治体制を築いて戦争に突入していった。そして敗戦後に無惨に自分たちの名前を落とした。そして歴史の藻屑《もくず》と消えた。二流、三流知識人の宿命である。

小室直樹先生は、それら矯激で愚劣な国粋主義の反共《はんきょう》（産主義）右翼たちが、戦後に歩んだ愚かな道と、自らを厳しく峻別《しゅんべつ》した。

このことの集大成が、まさしく前記した、小室直樹著3冊による「宗教の原理」研究の大成である。ここに導出された「天皇の原理」の解明であった。即ち本書である。

私はこれだけをこの本の冒頭に書いて、本書への道標《どうひょう》とする。先生の霊前に献げまする。

副島隆彦

序

天皇は奇蹟《ミラクル》である。

明治維新は、外国人（例。英公使パークス）には、奇蹟としか観じようがない。

いかなる大革命も比較を絶するこれほどの大変革が、天皇の命令によってなぜ可能であったのか。

天皇は、まさしく神である。現人神《あらひとがみ》である。

それ以外の理由は考えられない。

ほとんど同時代になされたドイツ帝国統一をみよ。イタリア統一をみよ。アメリカ第二革命（南北戦争）をみよ。旧来の残滓の多さ、明治維新と同世紀の談ではない。

昭和天皇の奇蹟。

「王冠は敗戦を生きのびられない」そのとおり。ハプスブルク家をみよ、ホーヘンツォルレルン家をみよ。ロマノフ家はいうも更なり。

昭和天皇にかぎって、敗戦を生きのびたもうただけではない。日本は死者の中からよみがえり、経済超大国として復活した。

現人神はいかにして誕生したのか。エルサレムのヘブライ大学教授シロニー氏は著者との討論において言った。

日本人とユダヤ人は対蹠《たいせき》的である。

日本人とユダヤ人だけが世界史上唯二《ただ》つ。神からのぞみの地を約束された民《たみ》である。

それなのに、日本人は、のぞみの地に居ついて不動。

ユダヤ人のほうは、出たり帰ったり、また出たり。最後にやっと帰ってきたけれど。

他方、日本人は外国へ出たら最後、三世ともたない。二世ですでに日本人らしくなくなりはじめる。

ユダヤ人は。外国へ出っぱなしになって、何世代を経ようとも、やはり、ユダヤ人。

著者は質問した。なぜでしょうね、と。

シロニー教授の答は、ムニャムニャで、満足すべき答から、ほど遠かった。

そこで、著者自身が考えてみることにした。天皇の秘密を解くうえで、ユダヤ教ほど適切な補助線はない。

それが本書である。

しかし、草莽《そうもう》の臣が御成婚記念としたい希望により急いだため、崎門《きもん》の学の展開過程についての「詳論」は、つぎの機会にまわさざるを得なかった。

乞御了承。

平成五年五月九日

小室直樹

「天皇」の原理——目次

第2章 個人救済と集団救済

第3章 予定説と因果律

第4章 救われる者と救われざる者

第5章 キリストによる恩恵

第6章 日本における「法の不在」

第7章 天皇と日本

第8章 死と復活の原理

装幀——井上新八

第1章

神に約束された国々

恩恵と律法

日本人とユダヤ人とは神によって土地を約束された。

このことを確認しておこう。

日本は、神勅による。

天孫降臨にさいして、主神天照大神《あまてらすおおみかみ》は、「葦原の瑞穂《みづほ》の国は王《きみ》たるべき地《くに》なりと皇孫《すめみまのみこと》瓊瓊杵尊《ににぎのみこと》に神勅を下された。

日本書紀による。

天壌無窮《てんじょうむきゅう》（天地と同じように永遠に続くこと）の神勅である。

イスラエルは、旧約聖書による。

その日、主《しゅ》はアブラムと、次《つぎ》のような契約《けいやく》を結《むす》ばれた、
「おまえの子孫に、
私はこの地を与《あた》える。
エジプトの小川から、
かの大きなる川ユーフラテスまでの地を。
ケニ人、ケニジ人、カドモニ人、ヘト人、ペリジ人、レファイム人、アムル人、カナン人、ギルガシ人、ヒビ人、エブス人の住《す》む地を」。（フェデリコ・バルバロ訳『聖書』講談社

（「創世の書」第15章　18〜21）

さらに、つづいて、

「おまえとおまえの跡《あと》を継《つ》ぐ子孫に、いま、おまえが他国人《たこくじん》として住《す》んでいる国、カナンの地のすべてを永遠《えいえん》の所有《しょゆう》として与えよう」。（「創世の書」第17章　8）

その後、ヤコブの代に饑饉《ききん》が国々を荒れ狂った。カナンの地も例外ではなかった。ヤコブの一族も飢《う》えた。一族はエジプトで首相をしていたヨセフ（ヤコブの十一男）を頼ってエジプトに移住しゴシェンの地に住むようになった。ヨセフは百十歳で死に、遺体はミイラにされてエジプトに安置された。

このように、イスラエルの民は、ひとたびはカナンの地を去ってエジプトに移住した。

なお、本稿においては、以下、「カナン」と「パレスチナ」とは、同義《イクスチェンジアブリー》に（exchangeably）用いることにしておきたい。

イスラエルの民は、モーセにひきいられてエジプトを脱出《エクソダス》し、カナンの地へ帰ってゆく。

この「約束の地」カナンへの帰還こそユダヤ教の最大テーマである。ここで中心となるのは、「脱出の書《エクソダス》」である。多くの日本訳聖書では「出エジプト記」となっているが、ここで決定的に重要であるのは「出」である。

欧語では、いずれも、「出」または「脱出」であって「エジプト」の文字はない（例、英

Exodus)。日本訳で「出エジプト記」となるのは漢訳「出埃及記」の影響である。「脱出の書」は、旧約聖書において、あたかも「福音書」が新約聖書におけるがごとき位置を占める。その神髄《しんずい》である。

「脱出の書」の前半は、神の救いの恩恵《グレイス》（grace）を語り、後半は神の律法《トーラー》（The Law）を語る。律法はまさしく法律である。

「救いの恩恵」と「律法」とはユダヤ教の中心概念《キイ・コンセプト》である。イスラム教においてもまた。しからば、「救いの恩恵」と「律法」とは、いかなる関係にあるのか。

「律法」＝法律を守ることが「救いの恩恵」を与えられるための条件である。

この点、ユダヤ教はキリスト教とは根本的にちがう。

このことを徹底的に理解することこそユダヤ教理解の鍵である。日本・イスラエル比較分析の鍵でもある。敷衍《ふえん》しておきたい。

神は、イスラエルの民に何と言ったか。

今日私が行えと命《めい》じるすべてのおきてを守《まも》れ、そうすればおまえたちは生きて数をふやし、主《しゅ》が先祖《せんぞ》に約束《やくそく》された地に入って、そこを所有《しょゆう》することができる。（「第二法の書」第8章1）

「第二法の書」は「申命記」とも「モーセ最後の説教」とも訳されている。

ここにおけるモーセの言葉は神の言葉とみなし得る。預言者モーセの口を通じて神が語っているのである。あたかも、預言者ムハンマド（マホメット）の口を通じて神《アッラー》が語るがごとくに。

神の言葉によれば、おきてを守れば、約束の地に入ってそこを所有することができる。すなわち、おきてを守ることは、約束の地カナンに帰還するための〈**十分条件**〉である。

では、おきてを守らなければどうか。

イスラエルの民は必ず滅される。全滅させられるのである。

とても、約束の地へ帰還するどころではない。いや、かりに一時帰還しても、また、すみやかに追い出される。いや、全滅する。いずれにせよ、約束の地を所有できないことに変わりない。

おまえたちは速《すみ》やかに姿《すがた》を消すことになろう。（「第二法の書」第11章　17）

では、神のおきてとは何か。

根本は十戒（The Ten Commandments）である（「脱出の書」［出エジプト記］第20章　2～17、「第二法の書」［申命記］第5章　6～21など）。しかし、「モーセ五書」（「創世の書」「脱出の書」「レビの書」「荒野の書」「第二法の書」）をおきての書と言ってよい。「モーセ五書」は即「トーラー」＝法とも呼ばれるではないか。が、とくに「荒野の書」「第二法の書」にくわしい。

しからば、おきてのなかで、いちばん重いおきては何か。

私以外《いがい》のどんなものも、神《かみ》とするな。（「脱出の書」第20章　3）
私以外《いがい》の神々《かみがみ》を礼拝《れいはい》してはならぬ。（「第二法の書」第5章　7）

イスラエルの民が、もし、神以外の何物かを「神」としたならばどうか。たちまち、全滅させられる。

これほど確かなことはない。神以外の物を「神」とするほど重い罪はないからである。

これほどの罪を犯せば、イスラエルの民は、約束の地に帰還するどころの話ではない。すぐさま、鏖《みなごろし》にされる。

これは、旧約聖書に繰り返し繰り返し、これでもかこれでもかと述べられている命題である。

カナンの地への帰還との関連でさらに引用しておこうか。


もしおまえが主《しゅ》を忘《わす》れて他《た》の神々《かみがみ》に仕《つか》え、その前にひれ伏《ふ》して拝《おが》んだなら、私は今日誓《ちか》って言《い》うが、必《かなら》ずおまえたちは滅《ほろ》ぼされてしまう。（「第二法の書」第8章　19）

論理的に言うと、おきてを守ることが、約束の地カナンに帰還できるための〈**必要条件**〉である。

この命題と、さきに述べた命題「おきてを守ることは、約束の地へ帰還できるための十分条件である」とから「おきてを守ることが、約束の地へ帰還できるための〈**必要かつ十分な条**

件〉である」という命題が導かれる。

旧約聖書のストーリーは、この命題を論証《デモンストレート》するものである。

エジプト脱出

「脱出の書」（出エジプト記）において、イスラエルの民は、神の奇蹟によって、エジプト王の羈絆《きはん》（束縛）を脱する。奴隷から解放されて自由人となる。

これぞ、神の恩恵の典型。

神は、奇蹟につぐ奇蹟によってイスラエルの民をエジプトから救い出したのであった。

神自身、いかにこのことを誇りにしているか。

神は、繰り返し恩に着せる。

十戒を与える前に、神は高らかに宣言する。

神《かみ》はこう仰《おお》せられた、〈私はおまえたちの神《かみ》なる主《しゅ》である。エジプトの地、奴隷《どれい》の家からおまえたちを連《つ》れ出したのは私である〉。（「第二法の書」第5章　6）

この科白《せりふ》、神さまよほどお気に召したとみえて、何回でも繰り返す。神の枕詞《まくらことば》というか、神の自己紹介というか。旧約聖書で何回でも繰り返しただけでは不足だとみえて、コーランでも繰り返す。例えば、……わしが汝《なんじ》らにほどこしてやったかつての恩恵を憶《おも》い起すがよい。

……我ら（アッラーの自称）が汝らをフィルアウン（エジプト王パロのこと）一族の手から救い出した時のことを……

（井筒俊彦訳『コーラン　上』岩波文庫　18～19頁）


こう切り出した神《アッラー》は、紅海の奇蹟をはじめとする諸奇蹟に言及する。

さて、神は、イスラエルの民を約束の地カナンへ帰還させる第一歩として、まず、彼らをエジプトの地から連れ出した。

神は、奇蹟につぐ奇蹟によってイスラエルの民を救出したのであった。が、それでも、イスラエルの頑民《がんみん》（がんこ）どもは、神を信じようとしない。

艱難《かんなん》に直面するとすぐ動揺するのだ。

イスラエル人たちを出発させた後で、ファラオは後悔した。六百台の戦車などで急追した。

エジプト軍が追ってくると、イスラエルの民は、おそれおののいた。彼らは口ぐちにモーセに言った。「われわれはエジプトで、あなたにはっきり言ったのではなかったか」。

〈放《ほう》っておいてくれ、われわれはエジプト人に仕《つか》えたい、荒野《あれの》で死《し》ぬより、エジプト人に仕《つか》えるほうがましだ〉と。（「脱出の書」第14章　12）

「エジプト脱出」という神の曠古《こうこ》（前例のない）の大業に賛成しない者が多かったのであった。

神は、紅海の奇蹟でエジプト軍を全滅させてイスラエルの民を救った。

これほどの大奇蹟を目前にしても、イスラエルの頑民どもは、なお、神を信じなかった。不平タラタラ。

イスラエルの民が、エリムとシナイの間のシンの荒野にやって来たときの話。エジプトを出てから二カ月目の十五日。

イスラエルの民は、モーセとアロンに不平を言った。

「われわれが、肉《にく》の大なべの前に座《すわ》って、好《す》きなだけパンを食べていたときに、あのエジプトの地で、主《しゅ》の手にかかって死《し》んだほうがましだった。あなたたちは、全軍《ぜんぐん》を飢《う》え死《じ》にさせようとして、この荒野《あれの》に連《つ》れ出したのだ」。（「脱出の書」第16章　３）

またもや、イスラエル人は脱出を後悔してエジプトへ帰りたがったのであった。

このとき、主は、天からパンを降らせてイスラエルの民を飢えから救った。また、肉としては、うずらを与えたもうた。

かくほどまでに、奇蹟に奇蹟が重なっても、イスラエルの頑民どもは神を信じない。

辛苦に会うと不平を鳴らす。

イスラエルの民は、シンの荒野を出発してレピディムに宿営した。ここには水がなかった。民はモーセに言った。

「なぜ、われわれをエジプトから連《つ》れ出したのか。私たちと、子どもらと、家畜《かちく》とを、水なしで殺《ころ》すためにそうしたのか」。(「脱出の書」第17章 3)

モーセは、主に命ぜられたとおりに岩を打って水を出して民の渇きを救った。

例は、この三つでいいだろう。

神とイスラエルの民との関係は緊張の連続である。

神が奇蹟につぐ奇蹟をもって恩恵を証明しても、イスラエルの民は神を信じない。何とも救い難い頑民ではないか。

イスラエルの民は許し難い頑民である。

これこそ、ユダヤ教理解の鍵である。

とてもじゃないが、殷《いん》の頑民などとは同日の談ではない。

とてもとても。

このことは、神父さんも牧師さんも、よく説明してくれない。しかし、このことを、とっくりと腑《ふ》に落し込まないことには、どうにも、ユダヤ教が分らない。分りっこない。キリスト教もイスラム教も。また、イスラエルとの比較研究が日本にとって有効なものともならない。

もうちょっと、議論を進めてゆこう。

イスラエルの民が、神の所行《しょぎょう》について、あまりにも不平不満ばかり並べるものだから、ついに、神の堪忍袋の緒《お》が切れた。これほどまで罪多き民は殺してしまえ。

主《しゅ》の怒《いか》りは燃《も》え上がり高まり、怒《いか》りの炎《ほのお》が民《たみ》に向《む》けて燃《も》えあがり、宿営《しゅくえい》の端《はし》を焼《や》き払《はら》った。（「荒野の書」［民数記］第11章　１）

神の怒りの炎が、とくにメラメラと燃えあがったのは、十戒を授けるときであった。エジプトの地を去って三カ月目に、シナイの荒野に着いた。「十戒」については、贅言《ぜいげん》を要すまい。

主と人間との契約がいかに重要なものか——経典宗教（ユダヤ教、キリスト教、イスラム教）にとって——多言を要しないと思うけれども、一言だけいっておこうか。コーランも言っているではないか。

更にまた我ら（アッラー）が汝らと契約（信仰というものを神と人間との間にかわされる相互的契約と考える、セム人種独特の観念）を取りきめ、汝らの頭上に（シナイ）山を凌々と聳《そび》え立たしめた時（神山シナイに神の姿が宿り、威圧的な印象を与えたことを言う）のこと。「さ、我らがここに授けるもの（律法を指す）しっかりと受け取るがよい。中に（書かれて）あるもの（いわゆるモーセの戒律）をよく心に留めておくのだぞ。（そうすればおそらく汝らも（神を）畏《おそ》れかしこむようになるであろう。」（井筒訳、『コーラン　上』21頁）

このようにきめつけた後で、神は宣言する。

しかるに、その後、汝《なんじ》らは背《そむ》き去った。（同右　21頁）

そして、コーランは続ける。

もしアッラーのお恵《めぐ》みと御慈悲なかりせば、汝ら（その報いとして）亡《ほろ》びの道を辿ったであろうに。（同右　21頁）

コーランは、聖書の最良の解説である。

旧約聖書の言わんと欲するところを、いみじくも道破《どうは》（言いつくすこと）している。

モーセのとりなし

さて、いよいよシナイ契約。十戒。

シナイ山の麓《ふもと》で、イスラエルの民は、ぐるりと山を取りかこんで幕屋《まくや》を張った。

モーセひとりが山にのぼって神と対決する。

この経緯については、映画、テレビなどによってご存じのとおり。

モーセが神との契約のために山に登っているあいだのハプニング。いや、イスラエルの民の本性。

この間に、イスラエルの民は、何をした。四十日、四十夜。モーセはシナイ山にこもって帰って来なかった。

あまりに長くモーセが山から帰って来なかったので、イスラエルの民は不安になって騒ぎはじめた。一体全体、神の使徒モーセはどこへ行っちまったんだ。目に見えない触ることも出来ない神さまなんてもう沢山だ。先頭に押し出して担いで行ける神さまがほしい。

イスラエルの民は、口ぐちにこう叫んで、金を鋳型《いがた》に入れて犢《こうし》の像を作った。これで、目に見える神さまができたと大よろこび。犢の前に壇《だん》を築き、燔祭《はんさい》（祭壇に供えられた動物を焼いてささげること）を行ない、飲めや歌えのドンチャン騒ぎを演じた。

モーセ不在につけ込んでの犢騒動。

これを見て、いや、神さまが怒ったの怒らないのって。神の怒りがメラメラメラメラっと燃えあがった。

わし以外の何物をも神として祭ってはならないと、あれほどきつく申しわたしておいたのにまだ分らないか。

エイッ。こうなった以上は、この頑民どもを鏖《みなごろし》にしてくれん。

ノアの洪水、ソドム・ゴモラを思い出して下されば お分りのとおり、ジェノサイド（大虐殺）は、エホバの神の得意とするところ。ヒトラー、スターリンも遠く及ばない。及びっこない。さしもの信長も、何桁《けた》もちがう。同日の談、同世紀の談ではない。

このとき、モーセが神を強諫《きょうかん》（つよくいさめること）してジェノサイドを思い止まらせなければ、ユダヤ教もキリスト教もイスラム教も、三大啓典（根本的経典）宗教は存在しなかったであろう。いわゆるユダヤ人問題はなかったであろう。ヒトラーはどうした。中東戦争は。パレスチナ問題は。湾岸戦争は。……。

世界歴史は、ずいぶんと違ったものになっていたであろう。

でも、どうしたわけか、そうはならなかった。

どうしたわけか、じゃない。

モーセが、必死になって執《と》り成《な》して、何とか神の怒りをなだめたからであった。

するとモーゼは、神《かみ》なる主《しゅ》をなだめようとして言《い》った、「主《しゅ》よ、主《しゅ》の大いなる力と、強き御手《おんて》をもって、エジプトの地から連《つ》れ出されたこの民《たみ》に、お怒《いか》りを向《む》けてよろしいのですか。〈神《かみ》は、民《たみ》を山の中で殺《ころ》し、民《たみ》をこの地の面《おもて》から滅《ほろ》ぼし尽《つ》くそうとして、この民《たみ》を悪意《あくい》をもって連《つ》れ出したのだ〉と、エジプト人に言《い》わせてよいのですか。その燃《も》え上がるお怒《いか》りをおさめてください。あなたの民《たみ》に下そうとされるその災《わざわ》いを思いとどまってください。あなたのしもべ、アブラハム、イサク、イスラエルを思い出してください。あなたは彼《かれ》らに対《たい》して、自身《じしん》にこう誓《ちか》われたではありませんか。〈私は、おまえたちの子孫《しそん》を、天の星ほどにふやし、おまえたちに約束《やくそく》したこの地のすべてを、おまえたちの子孫《しそん》に与《あた》え、この地を永久《えいきゅう》に彼《かれ》らのものとしよう〉と」。（「脱出の書」第32章　11～13）

それにしても、イスラエルの頑民の行動様式《エトス》（Ethos）、とっくりと腑に落し込んでおく必要がある。

そうでないことには、経典宗教（ユダヤ教、イスラム教、キリスト教）は分らない。経典宗教と対蹠《たいせき》的な日本教も分らない。

反抗するイスラエル人

イスラエルの民は、ことあるたびに神に反抗する。

そのように出来上がっているのだ。

ユダヤ教の神髄を理解するために、まず、このことが銘記されるべきである。

神の堪忍袋の緒《お》は、いつ切れるか分ったものではない。

そうなったらさいご、イスラエルの民は鏖《みなごろし》。きれいさっぱりといなくなってしまうことになっている。

神は、怒れる神であり、ねたみ深い神である。民の鏖は、神の得意芸《とくいわざ》。

神は、そのように出来ているのだ。

このような神と、右のように出来あがっているイスラエルの頑民と。

何と相性《あいしょう》がわるい。

日本人なら、誰しも、こう感ずることだろう。

これほど相性がわるいんだから、神と人間との関係は、どうなるか分らない。不断に尖鋭このうえなき緊張関係の中にある。

だから、それをギューッと縛《しば》りつける契約が必要となる。どうしても必要となってくる。

かかる契約がないことには、神と人間との関係、宗教そのものが、今にも、バラバラに分解しかねない。

これ、ユダヤ教をトップとする経典宗教の根源に契約が存する神学的理由である。契約によって経典宗教が構成される宗教社会学的所以《ゆえん》である。

さて、神と人間との極端なまでの相性の悪さ——これこそ、ユダヤ教の要諦《ようたい》である。ユダヤ教のすべては、ここからスタートする。ここから導かれる主な結論を要約すると左のようになる。

人間は、いつ、神に鏖にされるか分らない。

ということである。

人間は常に、滅亡の臨界状態に存在するのである。

天壌無窮の正反対でないか。

天地と同じように永遠に続く、なんていうのではない。いつ消えてなくなってもおかしくない存在なのである。

だから、もし、人間が存在し続けたければ、神の怒りに歯止めをかけなければならない。神の手による死刑を執行猶予してもらわなければならない。

そのためには何をなすべきか。

神との契約＝神の命令＝法。これを守ることである。

このことは明白である。

神は、いくたび、このことを明言していることか。

「おまえの神《かみ》なる主《しゅ》、私は、私を憎《にく》む者《もの》に対《たい》しては、父の罪《つみ》を三代《だい》、四代《だい》の子にまでおよぼして罰《ばっ》する、ねたみ深《ぶか》い神《かみ》である。しかし、私を愛《あい》して、おきてを守《まも》る者《もの》には、千代《せんだい》までも、慈《いつく》しみを示《しめ》す神《かみ》である」。（「脱出の書」第20章　5～6）

が、日本人なら、イスラエルの民は、何と因業に出来ているんだと痛感することだろう。呪われた民だとも言える。われわれは、ここに原罪（original sin）の原型を見る思いがする。

キリスト教における原罪思想は、パウロの「ローマ人への手紙」に端を発するとされている。しかし、イスラエル人の行動をつぶさに検討するに、「原罪」は、パウロよりも、ずっと早くずっと深い思想ではないか。われわれは、「脱出の書」をはじめとする「モーセ五書」のいたるところにこの思想を発見することができる。

ユダヤ教的発想によれば、善悪そしてその判定規準は、客観的に存在するものではない。この点、仏教的発想とは正反対だから注意を要する。

神が欲するものが善、神が欲せざるものが悪である。罪とは神の命令を守らないことをいう。パウロは、アダムが神の禁止命令を破ってエデンの園の林檎《りんご》を食したるところに原罪を見る。アダムの子孫であるから当然といえば当然だが、神の選民たるイスラエル人といえども、本質的に、神の命令に反抗するという行動様式《エトス》を具有している。

すぐ、神との契約＝神の命令＝法に背くのである。

すでに強調したように――いくたび強調しても強調しすぎることはない――、神との契約

(神の命令、法)に背けば、すなわちジェノサイド。

故に、ジェノサイドされないためには、神との契約を守らせることを担保する者の存在が必要となってくる。どうしても必要となってくる。

神との契約の担保者。これを預言者と呼ぶ。この理由によって、預言者なきユダヤ教はあり得ない。あたかも、僧(比丘《びく》)なき仏教があり得ないごとくに。モーセは最初の預言者であり、預言者の典型である。

日本的表現が許されるならば、ユダヤ教の教祖だと言ってもよい。ただし、「教祖」だと言ったところで、それは、あくまでも人間の預言者であって、神ではない。この点、キリスト教(カルケドン信条 四五一年)とはまったくちがう。イスラム教と同様(ムハンマド＝マホメットは預言者であって神ではない)である。くれぐれも、要注意。

モーセは、神と人間のあいだに立って、神の意向を人間に伝え、人間を神に執《と》り成《な》すのである。

モーセの執り成しのおかげで、イスラエルの民は、神にジェノサイドされないで済《す》む。

このように、人間は預言者モーセを必要とする。

何故か。

神は、その栄光のために人間を必要とする。この理由による。

神の栄光のために人間が必要

　これまた、ユダヤ教の要諦である。

　このことは、仏教を素養とする日本人には、まことに奇妙な感じがする。

　釈迦《しゃか》は、このうえなき覚りを得たとき、そのまま入滅（死ぬ）したいと思った。このことを知ってあわてたのが大地の王の梵天《ぼんてん》。早速とんできて釈迦にお願いする。それではこの世の人びとは救われない。どうか生きてこの世の人びとに説教してやって下さい。この願いを容《い》れて釈迦の転法輪《てんぽうりん》（迷える人の救済）が始まる。仏教の聖者にとって、本質的に、人間なんかどうでもいい。それが何より証拠には、独覚《どくかく》（ひとりで勝手にさとりをひらく）という存在があるではないか。

　また、最高の聖者の阿羅漢《あらかん》は、二度と人間界に生まれかわってこないことになっているではないか――そのことが最ものぞましいと仏教では考えられている――。

　これに対し、ユダヤ教の神は、人間を必要とする。おそろしく見栄《みえ》っ張《ぱ》りなのである。

　すぐに奇蹟を起して神の力をデモンストレートする（例、紅海の奇蹟）。

　そして、ことあるたびに奇蹟を言い立てて民に感謝を要求する。ねたみ深く、われ以外の何物をも神とするなとは、栄光を独占したいからなのだろう。

　モーセは、神の名誉心を利用して、民が犯した罪の許しを乞う。

　イスラエルの民は、モーセが神から十戒を授かるために四十日、四十夜のあいだシナイ山にのぼって不在のあいだ、山の麓《ふもと》で犢《こうし》の像を鋳造《ちゅうぞう》して、これを神としておがんだ。カンカンに怒った神は、イスラエルの民を滅ぼしつくすことにした。

この神のいかりをなだめようとして、モーセは神に言った。シナイ山のシーンを再び引証する。

〈神《かみ》は、民《たみ》を山の中で殺《ころ》し、民《たみ》をこの地の面《おもて》から滅《ほろ》ぼし尽《つ》くそうとして、この民《たみ》を悪意《あくい》をもって連《つ》れ出したのだ〉と、エジプト人に言《い》わせてよいのですか。（「脱出の書」第32章　12）

奇蹟につぐ奇蹟をもってイスラエルの民をエジプトから連れ出したことは、神が自慢の常套句《じょうとうく》。モーセは、そこを突いたのだ。その民を神が殺してしまったらエジプト人は何と言うか。フン、やっぱりと、嘲笑するにきまっているでしょうが。

これでは、神の立つ瀬がない。この神、エジプト人の評判を、ことのほか気にしているのである。

モーセに諌止《かんし》されて、神はイスラエルの民の鏖《みなごろし》を思い止まった。

ヤレヤレ。

それにしても神さま、全智全能のくせして、なんでそんなにエジプト人の評判を気にするんだろう。

神学的に困難な問題である。

が、宗教社会学的説明は、わりあいに簡単。

当時、エジプトとメソポタミア地方とは、世界文明の中心。絢爛豪華《けんらんごうか》の極みであった。イスラエル人なんか足下にも及ばない。及びっこない。

古代においては、宗教こそ文明・文化のエッセンス。エジプトの宗教、メソポタミアの宗教は、それぞれ世界最高。辺境の民にすぎないイスラエル人は、エジプトの影響、メソポタミアの影響を受けないことにした。

ここが、イスラエルの民が宗教的天才である所以《ゆえん》。

何とも大したことではありませんか。

ひとたび影響を受けたらさいご、まだ未開なイスラエル人の宗教なんか、エジプトの宗教、メソポタミアの宗教に呑み込まれてしまうにきまっているではありませんか。とくに、エジプトには永く住んでいただけに、エジプトの宗教の影響力はおそろしい（なお、以下の議論においては、「エジプト」という用語で、「メソポタミア」をも代表させることにする）。

エジプトの宗教のエッセンスは何か。人間の死後はどうなるか。この問題に答えることにある。

そこで、イスラエルの宗教は、「死後」の問題には、一切、沈黙することにした。

論より証拠、あの浩瀚《こうかん》な旧約聖書のどこにも、「死後」は論じられていない。

日本人の宗教的センスからすると、驚くべきことながら、これ本当の話。マックス・ヴェーバーの言うように、ユダヤ人の死後の関心は、自分の名前が記録に残されるかどうか。これにつきる。中国の儒学の徒のごとし。

偶像禁止

次に、神の具象化を厳禁した。神像を作ったり、神の姿をえがいたり……これらを、偶像崇拝なりとして厳禁した。

偶像崇拝禁止令は、旧約聖書のいたるところに見出される。あまりに多いので、どれを引用すべきかに困る。

刻《きざ》んだ像《ぞう》をつくってはならぬ、高く天にあるもの、低《ひく》く地にあるもの、地の下にあるもの、水の中にあるもの、どんな像《ぞう》をもつくってはならぬ。その像《ぞう》の前にひれ伏《ふ》してはならぬ。それらを礼拝《れいはい》してはならぬ。（「脱出の書」第20章　4、5）

偶像崇拝禁止は、マクルーハン理論を、三千年以前に先取りしていたという意味で、刮目《かつもく》に値する。

マクルーハン理論は、先刻ご存じの方も多いであろう。要約するとこうなる。テレビで、ある学者が、ある学説について説明したとしよう。効果の大きさは。そのほとんどは、この学者の態度、物腰、人相、服装、口調、背景……などによって決定される。語った内容が占める割合は極めてすくない。

つまり、内容ではなく、背景となる言わば道具立てが、効果のほとんどを決定する。

こういうことなのである。

これは、テレビの話である。

しかし、マクルーハンが言ってはいないが、宗教活動も同じだろう。

例えば、坊主の説教。

その効果の大小は何によって決まるか。

説教の内容は、あまり影響しないだろう。とくに日本では、お経は、ムニャムニャムニャと何を言ってるか分らないところがありがたいのだとされてきた。説教の効果は、坊主の態度、物腰、人相、服装、口調、背景……などのいわば道具立てによって決定される。

ところで、宗教活動の効果のほとんども、その背後の「道具立て」によって決定されるとなると、イスラエル人のような後進民族にとってはコトだ。

神像にしても何にしても、エジプト宗教の道具立て、桁外《けた》れに卓絶している。

イスラエル人が競争したら惨敗するに決まっている。

イスラエル人は、神を絶対に具象化しないことにした。

これも、イスラエル人が、宗教的天才であるもうひとつの理由。

神は姿も見えず、手に触れることも出来ない。神の声は、預言者を通じてのみ聞えてくる。

かかる「神」の発明がいかに偉大なものであるか。

縷説《るせつ》を要しないであろう。

エジプトの宗教も、メソポタミアの宗教も……古代宗教のほとんどは——それがいかに高度なものであっても——跡形《あとかた》もなく消え去ってしまった。

世界宗教たる資格

現在、世界に流布している宗教のほとんどは、釈迦、孔子、イエス・キリスト、マホメットなどの宗教的超天才によって再編されたいわゆる「世界宗教」である。

これらの世界宗教が、それより前の古代宗教と決定的にちがうところは何か。

本源的根拠を、具象化された、具体的なものにおかないことである。抽象的なものにおくことである。

仏教の本源的根拠は法である。生きた仏（盲亀の浮木のごとくに、かかる仏が存在する場合でさえも）ではない。それであればこそ、釈迦没後弥勒菩薩《みろくぼさつ》が成仏するまでの五十六億七千万年もの長いあいだ、生きた仏が存在しなくても仏教は存在しうるのである。法あればこそ。いわんや、仏像ではない。

儒教の本源的根拠は道である。

子曰《のたま》わく、朝《あした》に道《みち》を聞《き》かば、夕《ゆうべ》に死《し》すとも可《か》なり。（『論語』里仁第四）

では、「道」はどこにある。古典の中にある。

子曰《のたま》わく、述《の》べて作《つく》らず、信《しん》じて古《いにしえ》を好《この》む。（同右　述而第七）

しからば、古典の主体は誰か。文王・周公である。

子、匡《きょう》に畏《おそ》る。曰《のたま》わく、文王《ぶんおう》既《すで》に没《ぼっ》す、文《ぶん》、茲《ここ》に在《あ》らざらんや。（同右　子罕《しかん》第九）

子曰《しのたま》わく、甚《はなはだ》しいかな、吾《わ》が衰《おとろ》えたるや。久《ひさ》しいかな、吾《わ》れ復《ま》た夢《ゆめ》に周公《しゅうこう》を見《み》ず。（同右　述而第七）

すすんでは、唐虞《とうぐ》（尭《ぎょう》、舜《しゅん》）三代（夏《か》、殷《いん》、周《しゅう》）の聖人である。この教えは、例えば、十三経に記されているといわれる。十三経とは、易經（周易）、書經（尚書）、詩經（毛詩）、周禮、儀禮、禮記、春秋左氏伝、春秋公羊伝、春秋穀梁伝、論語、孝經、爾雅、孟子（宮崎市定『論語の新研究』岩波書店　5頁）。「道」は、これらの古典の中にあると考えられている。

ここで肝要であるのは、「古典」とは、その中に含まれている情報であって竹簡《ちくかん》や紙の書物という物体ではない。このことである。

だから、焚書《ふんしょ》によって物体が消え去っても、道に関する情報があるかぎり、儒学は存立しうる。

キリスト教の本源的根拠は、イエス・キリストの言行《げんこう》たる福音書である。

イスラム教の本源的根拠は、神《アッラー》の言葉たるコーランである。これは、天使ガブリエルが神の使徒ムハンマド（マホメット）に伝えたものである。コーランの次に大切なのは、スンナである。スンナとは、使徒マホメットの言行《げんこう》すなわち、彼の言葉、行為、承認エトセトラである。仏教、儒教、キリスト教、イスラム教などの世界的宗教の特徴は、すべて、本源的根拠を情報におく。

情報は、それ自身、抽象的存在である。

具象的（具体的）な形を有するものではない。

それ自身は、（存在、伝達の方法をべつにすれば）、見える物でも、聞える物でも、嗅《か》げる物でも、味わえる物でも、触《さ》われる物でもない。人間の知覚《パーセプション》（perception）とは、直接には、無関係な存在なのである。

ここが、それより前の、いわゆる古代宗教と、根本的にちがうところである。

いわゆる古代宗教は、その根本的根拠を具体的な物におく。神像とか、神殿とか、神が与えたまいし刀剣とか、王冠とか。

はたまた、天体の象徴、動植物とか。

本源的根拠を具体的な物、具象物におけば、どういうことになる。

その、宗教社会学的意味は。

これは、言わずとして明らか。

宗教の本源的根拠たる具象物の神像、神殿、王冠、指輪などが失なわれたら。天災で焼けてしまったり、敵に奪われたり、死んでしまったりエトセトラ。

となったらどうか。

当該《とうがい》宗教の正統性根拠《オーソドクシー》（orthodoxy）は、いっきに失なわれてしまう。

それにきまっている。

それ以外にあり得ない。

その結果は。

その宗教は——それ以前、いかに隆盛を誇っていようとも。その神学が、いかに精緻《せいち》を極《きわ》めていようとも——たちまち、雲散霧消する。ペレストロイカで、レーニン・スターリン主義が否定されたソ連のごとくに。

カリスマ性が否定されれば、宗教（イデオロギーもまた）、存立の余地はないのである。断じて。

いわゆる古代宗教は、そのカリスマの担い手《トレーガー》（Träger）を神像などの具体的な物に結びつけていた。

かかる具象物を、宗教の本源的根拠としてきた。カリスマの担い手が、ここだけに集中していた。

それ以外には、存在しないのであった。

ここに、その致命的弱点（vital weak point）がある。

仏教、儒教、キリスト教、イスラム教が、いわゆる世界的宗教として発展してゆけたという理由は明らかである。

この根本的弱点を克服しえたからにほかならない。

仏教も、儒教も、キリスト教も、イスラム教も、根本的には、その教義を、物《もの》の呪縛《じゅばく》から解放した。

この点、古代諸宗教とは根本的にちがう。

ユダヤ教の契約の箱

ユダヤ教はどうか。

ユダヤ教もやはり古代宗教の一種である。

しかし、ユダヤ教だけが、名誉ある例外である。

ユダヤ教におけるモーセは、釈迦、孔子、イエス・キリスト、マホメットに近い意味をもつ。

モーセは、ユダヤ教の本源的根拠を情報においた。

そして、偶像を絶対的に拒否することによって、情報以外の具象物（具体的な物）に本源的根拠をおく道を最終的に閉ざした。

モーセ五書は、トーラーといい、トーラーとは、法律という意味である。

ユダヤ教では、法律と規範（倫理、道徳）とは、まったく同義である。

この点、イスラム教と同じであり、キリスト教、仏教、儒教とはちがう。

ユダヤ教の法律は、神の命令＝神との契約である。法律《トーラー》の解釈・註疏《ちゅうそ》をタルムード（Talmud。教義）といい、法律学者の説が集められている。

これ、すべて情報であって、この点、仏教の経律論、儒教の十三経、キリスト教の新約聖書、イスラム教のコーランと同じ。

ユダヤ教では、偶像を厳禁した。

しかし、具象物（具体的な物）で、カリスマの担い手が皆無というのではない。最重要なのは、契約の箱《アーク・オブ・ザ・コヴナント》（Ark of the Covenant）である（「脱出の書」第25章　10～22）。神の臨在を象徴する。主から与えられ、モーセがシナイ山から降りるときに持っていた二枚の石板（「脱出の書」第31章　18）が納められてある。

契約の箱はイスラエルの民の行く所その中心に運ばれ、ついにソロモンの神殿に安置された。契約の箱は、ユダヤ国が滅亡し神殿が破壊されるや、所在不明になった。歴史家はネブカドネザル（新バビロニア王）が破壊するか、鹵獲《ろかく》する（ぶんどる）かしたのであろうと推定している。

契約の箱は、イスラエルの民の信仰の中心であり、精神的拠りどころでもあった。その契約の箱が失なわれたのである。イスラエルの民の打撃がいかに大きなものであったか。察するに余りあろう。

王国滅亡とともに、イスラエルの民は、あるいは大量に虐殺され、あるいはバビロンに連れ去られた。

バビロン捕囚。艱難辛苦《かんなんしんく》に圧殺されそうな時代。

「古代ユダヤ教」は、バビロニア捕囚からエルサレムに帰還した後、エズラ、ネヘミヤなどによって第二神殿が建てられた時代に形成されたとされる。

しかし、この第二神殿には、肝腎《かんじん》の契約の箱がない。神殿は復活したが契約の箱は還ってこなかった。ここが肝要。

信仰の中心たる契約の箱の不在によって、革命的再編による根本的変革の必要にせまられた。

宗教の本源的根拠を具象物におくという契機は、契約の箱の喪失によって、完全に払拭《ふっしょく》された。

元来、ユダヤ教は、偶像崇拝を厳禁することにより、根拠を具象的な物におかない宗教であった。神は、見ることも触れることもできない存在である。宗教の内容は、神が与えた法律、抽象的存在である。

ただし、契約の箱は、具象的な物である。その喪失によって生じた致命的打撃によって、ユダヤ教のテーマは徹底されることになった。

もはや、信仰の中心には、いかなる具象的な物もない。有る物は、神が与えたまいし法律《トーラー》である。

ユダヤ教の根拠は、法律《トーラー》だけにある。この革命的変化によって、ユダヤ教は、個人宗教の方向へぐっと重心を移したのであった。

このことがもつ意味の重大さは、強調されすぎることはない。

第2章

個人救済と集団救済

宗教による救済の方法

ユダヤ教は、本来、個人救済の宗教ではなく、集団救済の宗教である。この点、儒教と同様であり、仏教、キリスト教、イスラム教とは根本的にちがう。

個人救済か集団救済か。

宗教を比較するにあたって最も重要な比較点の一つである。

儒教は集団救済の宗教である。

儒教による救済の方法は左のとおり。

聖人が天子に成る。君子などの有力な臣下の輔《たす》けを得てよい政治を行なう。そうすればすべてがうまくゆく。経済も社会も何もかもうまくいって、治安は維持され国民生活も豊かになり安定する。

社会現象だけではない。自然現象もまた。蝗《いなご》などの害虫は自発的に退散する。おそろしき怪獣も聖人の威をおそれて、ヤッ、これはどうもどうもと恐縮する。奇瑞の鳥である鳳凰《ほうおう》が飛んできて今日は。伝染病が消滅することはいうまでもない。

儒教による救済《サルヴェーション》（Salvation）とは、このような、政治による（国民全体の）集団救済である。

よい政治を行なえば、右の意味で、結果として個人もまた救済されることになる。

しかし、政治を媒介としないで、個人を救済するのか。儒教は、かかる救済は考えてはいない。

例をあげておく。

孔子の弟子の伯牛《はくぎゅう》が重い病気になった。ハンセン氏病であったとの説もある。伯牛は、孔子の弟子の中でも、とくに有名な人物。

孔子が見舞に行った。家の窓から伯牛の手を執《と》って言われた。「もう駄目だろう。天命であろうか。このような人がこんな病気になるとは。このような人がこんな病気になるとは」と、くりかえし歎息なさった。（『論語』　雍也第六）

ここで注目すべきことは、

(1)　最高の徳行の人伯牛が病気で死のうとしている、

(2)　これに対し聖人孔子は何もしない、

(3)　これは天の命令であると歎ずるのみである。

キリスト教徒ならば断ずるであろう。こんな人、聖人（預言者）ではない。断じてあり得ない、と。

「その信仰《しんこう》があなたを救《すく》った」（例、「マルコによる福音書」第10章　52）「あなたの信仰《しんこう》があなたを救《すく》った」（例、「ルカによる福音書」第８章　48、同　第17章　19など）

イエス・キリストは、一気に十人の病いの者を治したり、十二年ものあいだ出血に苦しんでいた女を救ったり、盲目を見えるようにしたり……。

キリスト教における救済理由は「信仰」である。儒教における救済理由は「徳行」である。

キリスト教においては、「信仰」のある人は癒《いや》される。

イエス・キリストは、「信仰による癒し」をすることができる。

孔子は、「徳行による癒し」をすることができない。しようともしない。

何故か。

ひとつ考えてみませんか。読者の練習問題にしてみましょうか。

答。儒教は、超能力、超自然などという考え方を否定しているから。

正解みたいに見えながら、実は、この「答」落第もいいとこ。

ヘボ学者の俗説に迷わされないで下さい。

ヘッポコ学者は、よく言う。

論語に曰《い》う。「子《し》は怪力乱神《かいりきらんしん》を語らず」(「述而第七」)と。孔子は、超自然現象に興味を示さなかった。だから、儒学は、超能力、超自然などの考え方はないんだ、と。キリスト教とはちがって、儒教は「奇蹟」を考えないんだ、と。

これ、あまりにもあさはかな考え方である。

「超能力」といい、「超自然」といい、「奇蹟」といったところで、その概念(考え方)は、古代と現代とでは違っているとは思わないか。

いかなる宗教も、神秘主義と無縁ではあり得ない。

このことは、あれほどまでに神秘主義的傾向を否定したイスラム教においてすら(少なくともその一部は)、神秘主義の深淵にのめり込まざるを得なかった。

この一事を想起しただけでも、思《おも》い半《なか》ばにすぎよう。儒教もまた、神秘主義とは無縁ではあり得なかった。

ヘボ学者どもが、このことに無知であることは言うまでもない。

預言と未来予測

例は一つで十分だろう。パンチの利く例なんだから。必要ならば、いくらでも例を挙げてみせるが。

例、讖緯《しんい》の学《がく》。

これ、未来予測の学である。人間の出来事、社会の出来事を、確実に予測できるとまで主張している。

まことに驚くべきことであるとは思わないか。

その「未来の出来事を確実に予測できる」のだという理由が、旧約聖書の預言者《プロフェット》たちの理由とは、まるでちがう。

旧約の預言者は正確な予言をなし得る。

正しい予言をなし得る理由は、未来の出来事を神が教えたまうからである。

世界史の進行は、神が予《あらかじ》め定《さだ》めたまいし（pre-determined）計画にしたがって、狂いもなく正確に、そのとおりに進行する。それに決まっているのであって、それ以外ということは考え得られない。

神は、この予定された計画を、預言者に知らしめたもう。

だから、預言者は、未来の出来事について、正確なる予言をなしうる。

これが、予言の論理である。

こういうことなのであるから、まことに分りやすい。

旧約の預言者が、未来の出来事について正確な予言をなし得るのは、あたりまえのことにすぎない。

ニュートン力学成立後の天文学者が、日蝕《にっしょく》、月蝕《げっしょく》に関して正しい予測ができることになったような話ではないか。

論理的にいうかぎり、そこに神秘主義が入り込む余地はまったくない。まったくもって。

予測か占いか

儒学の場合には、預言者とは、まったくちがう。

讖緯《しんい》の学《がく》によって、未来を予測し得ると主張するのであるが、いかなる理由によって未来を予測し得るのであるのか。

社会現象（人生の出来事を含めて）は、必ず一定の法則によって支配されているもので、決して偶然に変化が起るわけではない。だから、その法則を理解すれば、前もって正しい予言ができる。

というのである。

ここまでならば、誰しも反対を唱えまい。ニュートン以後の物理学も（不確定性原理ということもあるが）、仏教はとくに、こう考えているんだから。

ここに、儒学いや讖緯の学に対する質問は、しからば、その「法則」を、いかにして知るのか。

このことである。

近代物理学は答えるであろう。理論モデル構築とその実証……。この過程《プロセス》の繰り返しによって。

仏教は答えるであろう。すべての結果は原因が作る。ゆえに、原因を知れば結果を知ることができる、と。

まことに、理論的な説明法である。

納得できる（少なくても理論的には）。

不幸にして儒教は、かかる理論を持ち合わせていなかった。

それゆえ、儒教による当該《とうがい》の現象の説明は、とほうもなく不合理なものとなってしまった。

中国において、讖緯の学が盛んになったというのは、左の理由による。

前漢（中国では「西漢」という）が滅んだ後、後漢（東漢）は、光武帝によって復活した。その光武帝が、一介の民間人でロクロクとしていた時、ある人が予言して、あなたによって漢の王朝は必ず再興されると言った。この予言がドンピシャリ的中したので、讖緯の学が盛んになった。

でも、予測の学といったところで、納得できる理論があるわけではない。

とっぴょうしもないほど神秘主義の深みに堕落《だらく》していった。

晋《しん》はこれを禁じ、隋《ずい》は、これをきびしくとりしまった。

そこで、讖緯の学は、中国の思想界から消え去っていった。

このことだけみても、「讖緯の学」なるもの、それほどの思想ではなかったことが理解されよう。「占い」といっては言いすぎるか。

いつの世、どこの国でもそうだが、権力によって弾圧されつくした宗教が、たいした宗教であったためしはない。

讖緯の学はともかくとして、孔子自身、聖人が天子の位につけば、鳳凰《ほうおう》が飛んできたり、黄河から図《と》（預言版）が出てくるものだと思い込んでいた。


子曰《しのたま》わく、鳳鳥《ほうちょう》、至《いた》らず。河《か》、図《と》を出《い》ださず。吾《あ》れ已《や》んぬるかな。（『論語』子罕《しかん》第九）

これらの例からも明白なように、儒教は「神秘主義」を否定してはいない。

儒学の聖典第一は『易経』であるが、「易」は未来予測の学である。未来予測といっても、べつに、ニュートン力学ほどの特定化された理論があるわけではない。卜者《ぼくしゃ》の主観や直観に大いに依存する。やはりこれ一種の神秘主義であると言わざるを得まい。

儒教は、神秘主義を否定しない。

それなのに、何故、孔子は「徳行による癒《いや》し」をなさなかったのか。奇蹟によって徳行の人伯牛を救わなかったのか。

儒教は、キリスト教とはちがって、個人救済の宗教ではないからである。
儒教における救済は、「よい政治をする」ことによって、「天下」全体を救済する。必ず、このプロセスを通じて個人を救済する。直接に、個人を救済するということはしない。
このことを徹底的に理解することこそ、ユダヤ教の理解、すすんではその対蹠《たいせき》たる日本教理解の鍵だから、もう一つ例を追加しておく。

儒教における「天」

孔子の一番弟子といえば顔淵《がんえん》（顔回）。徳行学力において抜群。ほとんど聖人（亜聖《あせい》）であった。その顔回について『史記』は記している。

「回《かい》や屢々《しばしば》空《むな》し。糟糠《そうこう》にだにも厭《あ》かず、而《しこう》して卒《つい》に蚤夭《そうよう》せり。天《てん》の善人《ぜんにん》に報施《ほうし》する、其《そ》れ如何《いかん》ぞ哉《や》」

——顔回は、しばしば所得ゼロになった。酒のかす、米のぬかすら満足に食べられなかった。そういうわけで、ついに若死した。天が善人に報いるのはこんなありさまである——
（『史記』伯夷列伝　第一）

孔子自身は、亜聖（準聖人）大賢人顔回をどう処遇したか。

子曰《しのたま》わく、賢《けん》なるかな回《かい》や。一簞《いったん》の食《し》、一瓢《いっぴょう》の飲《いん》、陋巷《ろうこう》に在《あ》り。人《ひと》は其《そ》の憂《うれ》いに堪《た》えず、回《かい》や其《そ》の楽《たの》しみを改《あらた》めず。賢《けん》なるかな回《かい》や。

――粗末な食事をしてせまい家に住んでいる。常人なら憂いに堪《た》えないところなのに、顔回にかぎっては、平然と道を楽しんでいる。顔回はえらい者だよ――（『論語』雍也第六）

孔子は、このようにおっしゃった。

顔回がひどく貧乏であったことは、歴史的に有名。栄養失調で若死したのであろうと推定されている。

孔子は聖人なんだから「天」と交渉して亜聖顔回がもう少しましな生活ができるようにしてやる。せめてまともな食事ができて栄養失調で死なないようにしてやる。

孔子が、かかる努力をしたとの記録は、一切、ない。

いや、たとえ孔子が天に交渉したとしても、天は、かかる願いは一切、受けつけないのである。

是非の審査もしないで、直ちに却下する。

その理由は、儒教が説く天は、集団救済を専門とし、個人の救済は受けつけないからである。

聖人が天子と成ってよき政治を行なえば。その後は、天が、よっしゃまかしときと、すべて引き受けてくれるのであった。農作物は豊かに稔《みの》り、国民生活は安定し、治安も保たれる。その結果として個人もまた救済されるのである。

儒教による救済は、この方法にかぎられる。

必ず、「聖人が天子と成ってよき政治を行う」ことを媒介とする。そうすれば、必ず、社会も自然も超自然もうまくなってゆく。ここのところは、天が保証する。この過程をつうじてのみ個人が救済される。

天が、直接に個人の病気を治したり、富ましたりして救済する。

これはない。

儒教は、個人救済の宗教ではなく、集団救済の宗教であるからである。

儒教に対し、仏教、キリスト教、イスラム教は、個人救済の宗教である。

仏教の救済とは、このうえなきさとりを得て涅槃《ねはん》に入ること。

キリスト教の救済とは、神の国に入れてもらうこと。

イスラム教の救済とは、神《アッラー》の判決によって天国に入れてもらうこと。

これらの救済は、各個人についてなされる。

天下、国家、民族、家族……などの集団についてなされるのではない。

国家がさとって涅槃に入ったり、民族がひとまとめで神の国に入ったり、家族がこぞって天国に入ったり。

これはない。

決して。

集団救済の宗教で、日本人に身近なものとしては、儒教か。

しかし、どの宗教でも日本に入ってきたがさいご、すぐさま、変身してしまう。集団救済の「日本教」の一宗派になる。

「親の因果が子に報い」日本ではよく引かれるが、この考え方は、本来、仏教にはない。

六因、四縁、五果。ともに個人、個人にかぎって作用するのであって、決して他人（親子でも夫婦でも）に及ぶものではあり得ない。

「一子出家すれば九族天に生ず」なんて有名な成句があるが、この思想も仏教的ではない。一子が出家しても、当該《とうがい》の一子だけが、（ことによれば）「救済」されるのであって、集団たる九族とは関係ない。

右の諸例で、個人救済と集団救済のちがい、お分り頂けたことと思う。

儒教と日本教のほか、ユダヤ教も集団救済の宗教である。

ユダヤ教は、集団救済の宗教だから、救済されるときには、民族、部族、家族などの集団が救済される。神に罰せられるときも、集団がまとめて罰せられる。当該集団の一員が、わたしには罪はありません、どうかわたしにかぎって除外して下さい、と神さまにお願いしてもこれは駄目。

ユダヤ教では、これ、通らない。

この点、仏教、キリスト教、イスラム教とは、考え方が、根本的にちがっている。

集団救済という考え方を理解することこそユダヤ教理解、日本教理解の鍵である。例をあげて説明を追加しておきたい。まず悪徳の町ソドムとゴモラから。

ソドムとゴモラ

ソドムとゴモラの人びとの悪行《あくぎょう》はきわまった。主《しゅ》（神）は、ソドムとゴモラとを鏖《みなごろし》にしようとした。

アブラハムは、主《しゅ》に近づいて言った、「正しい人も、悪人《あくにん》といっしょに滅《ほろ》ぼそうとなさるのはほんとうですか。その町には、五十人の正しい人がいるかもしれません」。（「創世の書」第18章　23～24）

主《しゅ》はお答えになった、「もし、ソドマ（ソドム）の町に、五十人の正しい人があるのを見たら、私は、彼らをかえりみて、その町をすべてゆるそう」。（「創世の書」第18章　26）

アブラハムがまた、「そこには、四十人しかいないかもしれません」と言い続《つづ》けると、主《しゅ》は、「その四十人のために滅《ほろ》ぼすことはすまい」と答えられた。（「創世の書」第18章　29）

このようにアブラハムは、ソドム、ゴモラに住む正しい人の数を、五十人からはじめて、四十五人、四十人、三十人、二十人、と値切ってゆく。アブラハムに漸次《ぜんじ》言い叩《たた》かれても神は、そのたびに、正しい人の人数がその数でもジェノサイドを止めておくと答える。

最後にアブラハムは言う。

「もう一度《いちど》だけ申《もう》しあげさせてください、お怒《いか》りにならないでください、もしかしたら、十人しかいないかもしれません」と言うと、主《しゅ》は、「その十人のために、滅ぼすことはすまい」と仰《おお》せられた。アブラハムと話し終《お》え《い》た主《しゅ》は、そこを去《さ》られ、アブラハムは自分の住《す》まいに帰った。（「創世の書」第18章　32〜33）

これで、神とアブラハムとの問答はおわり。正しい人の数は十人でおわり。九人、八人、……一人の場合に鏖《みなごろし》は猶予されるのかどうか。

まったく論じられてはいない。

天下が亡んでも一人の無辜《むこ》の民を殺さじ。

よい政治は、一人といえども無実《むじつ》の人を殺そうとはしない。

この思想は、ここには見当らない。

となるとどういうことか。

神は、ことによると、一人〜九人の無辜の人を罪人といっしょに殺すこともあり得る。

こういうことになってくるではないか。

とまで言うと、主《しゅ》は、そんな無責任な神なのか。

こういう反論が、かえってきそうである。

いや、そうではない。

これが、集団救済というものなのである。

集団を単位に救済されたりされなかったりするから、罪人の中の無実の人、正しくない人の中の正しい人が、他の人びとといっしょに滅ぼしつくされることは十分にあり得る。

これが、集団救済の論理。逆に言えば、集団処罰の論理。

どうもまだ納得しかねると言う人のために例を追加しておこうか。

集団処罰の論理

ダビデ王による人口調査。

ダビデ王が人口調査という罪を犯した故をもって、イスラエルの罪なき民が七万人も殺された。王の因果が民に報い、ということか。


主《しゅ》の怒《いか》りはふたたびイスラエル人に向《む》けて燃《も》え上がった。（「サムエルの書下」第24章1）

いきなり、こう書き出している。

主が、何故に怒り猛ることになったのか。その理由については、一言も述べられてはいない。

なにしろ、神さま。どう仕様もなく気紛《きまぐ》れなのだ。

気紛れでも何でも、神の欲するところが正しい。

すでに強調したように——いくら強調しても強調しすぎることはない——ユダヤ教の論理においては、神が欲することが正しい。神の欲せざることが正しくない。こういう具合《ぐあい》になっている。神とはべつに、客観的に、是非善悪の基準があるわけではない。決して。この点、仏教的な考え方とは、根本的にちがっているから、要注意。

仏教的な考え方だと、「法」は「仏」に先行する。「法」という客観的基準が、まず、存在する。人は、この「法」をさとる——このうえなくとうとい「さとり」を得る——ことによって仏と成るのである。

だが、ユダヤ教では、神が欲したらそれまで。

それが正しい。

どうしたわけだか知らないが、神の怒りは、メラメラメラメラっと、イスラエルの民に向けて燃え上がった。

こうなると、イスラエルの民こそ、いい面《つら》の皮《かわ》。

なんて言っていられない。

たいへんなことになった。とてもとても、そんなこと、言っていられるときじゃない。ありっこない。

サア、たいへん。

「人口調査」は、たいへんな罪悪である——古代史においては——このうえなきほどの、罪悪である。

その人口調査を、あえて行なえと、神はダビデ王に命じたのであった。

かくほどまでの無理難題《むりなんだい》に直面して、ダビデ大王は何とした。

大坂城の秀頼が直面した以上の無理難題ではないか。

しかも、相手は、家康という人間ではない。

神だ。

その神が、王として倫理上、許すべからざる人口調査を行なえと命令をしてきたのであった。

では、どうする。

なにしろ、神の命令だ。

神の命令は正しい。

是非善悪もあったものではない。

いや、ユダヤ教においては、神の命令が、そして、神の命令だけが、是非善悪なのである。

その主が命じたもう。


そして主《しゅ》は民《たみ》に向《む》けてダビド（ダビデ）をそそのかされ、「イスラエルとユダの調査《ちょうさ》をしに行け」と仰《おお》せられた。（「サムエルの書下」第24章　1）

ヨアブと軍司令官たちは反対した。が、王の命令は強引に行なわれた。

人口調査をして心のとがめを感《かん》じたダビドは主《しゅ》に申《もう》しあげた、「私のしたことは大きな罪《つみ》でした。主《しゅ》よ、このしもべの過失《かしつ》を許《ゆる》したまえ」。（同右　第24

章　10)

神は許したまわらなかった。

主《しゅ》は夜明けから定《さだ》めのときまでイスラエルにペストを送《おく》られたので、ダンからベエルシバに至《いた》るまで七万《まん》の人々が死んだ。主《しゅ》はエルサレムにも天使《てんし》を送《おく》ってそこを滅《ほろ》ぼそうとされた。(同右　第24章　15〜17)

サアたいへん。ダビデ大王はどうした。

ダビデは人々を打《う》つ天使《てんし》を見て主《しゅ》に言《い》った、「罪《つみ》を犯《おか》したのは私です。私が悪事《あくじ》を行ったのです。あの羊《ひつじ》たちは何もしていません。私と私の父の家に主《しゅ》の手が下されますように」。(同右　第24章　17)

このストーリー。

ユダヤ教の出来方《コンスティテューション》(constitution)を、よくデモンストレートしているではないか。

奇蹟と宗教

王が犯した罪によって民が罰せられる。

あっさりと七万人もの民が、天使に打たれて殺されてしまう。

ダビデ王が神にうったえているように、「あの羊《ひつじ》たちは何もしていません」。

民は、まったく無実なのである。

それなのに、神が遣わした天使は、容赦なく、無辜《むこ》の民を殺しまわる。

その理由は何か。

神が民に罰を下す場合には、「神は王をつかって罰を下される」（フェデリコ・バルバロ訳『聖書』「サムエルの書下」第24章　註1　５０４頁）。

ここで重要なことは、「王をつかって民を罰する」という考え方である。

民を救済するにしても罰するにしても、それは、政治をつうじてなされる。王権の発動によってなされる。

この点、儒教と同じ。

キリスト教とはまったくちがう。

ユダヤ教とキリスト教の共通点は、それらが、奇蹟の宗教であることである。

奇蹟をデモンストレートすることによって、神の力を示し、あるいは神の命を受けた預言者であることを証明する。

この点、奇蹟のデモンストレーションを行なわない儒教、イスラム教とは、決定的にちがっている。仏教ともちがう。

仏教における奇蹟は、仏に選ばれた証明などではない。法力によって、通常現象以上の、いわば「超能力」が発揮されうる。しかし、これも実は通常能力の延長（実は、その一種）にすぎないのであって、奇蹟ではない。

このように、実は、仏教もまた、奇蹟をみとめない。

仏教、儒教、イスラム教に対し、ユダヤ教、キリスト教においては、奇蹟は、宗教の中心的位置を占める。奇蹟を除外して、ユダヤ教、キリスト教を語ることはできない。

奇蹟は、魔法（sorcery, magic）とはちがう。ユダヤ教は、魔法を厳禁している。

> 魔法使《まほうつか》いの女は、これを生かしたままにしておいてはならぬ。（「脱出の書」第22章　17）

魔法の厳禁は、呪術からの解放という意味で、宗教社会学的に、絶大な意味をもつ。

> 世界を呪術から解放するという宗教史上のあの偉大な過程、すなわち、古代ユダヤの預言者とともにはじまり、ギリシャの科学的思考と結合しつつ、救いのためのあらゆる呪術的方法を迷信とし邪悪として排斥したあの呪術からの解放の過程は、ここに完結をみたのだった。（マックス・ヴェーバー『プロテスタンティズムの倫理と資本主義の精神』大塚久雄訳　岩波文庫　157頁）

「世界を呪術から解放」するという宗教的合理化は、禁欲的プロテスタンティズムのカルヴァン派によって完結をみた。この完結を待ってはじめて、資本主義の精神（The Spirit of Capitalism）は発生しうる。

この「世界を呪術から解放する」という過程は、古代ユダヤ教からスタートする。

釈迦はたしかに、超能力の恣意《しい》の行使を喜ばなかった。しかし、厳禁したというほどでもなかった。現に、仏教の一派たる密教では超能力の開発をテーマにしている。

儒教も、神秘主義の讖緯《しんい》の学を発達せしめたほどに、必ずしも常に超能力を禁止したというほどのことはなかった。

エジプト、メソポタミアをはじめとする古代高文明社会の宗教となると超能力の花ざかり。神秘主義の全盛。魔術師《まじゅつし》は高い社会的地位を占め、王はじめ人びとの尊敬を得ていた。「脱出《エクソダス》の書」（出エジプト記）にもあるではないか。

ファラオ（エジプト王）からイスラエル人の脱去許可を得るため、主《しゅ》はモーセにファラオの前で不思議を行なうことを命じた。

モーセは、ファラオの前で、つえを蛇《へび》に変じてみせた。

主《しゅ》は、モーゼとアロンにこう仰《おお》せられた、「ファラオが、〈なにか奇跡《きせき》か不思議《ふしぎ》を見せよ〉と言《い》ったら、おまえはアロンに向《む》かって、〈おまえのつえをとってファラオの前に投《な》げ出せ〉と言《い》え。そうすると、つえはへびに変《か》わるだろう」。

モーゼとアロンは、ファラオの前に出て、主《しゅ》に命《めい》ぜられたとおりにした。アロンが、ファラオとその家来《けらい》たちの前につえを投《な》げると、つえはへびに変《か》わった。しかしファラオは、知恵者《ちえしゃ》と魔法使《まほうつか》いを呼《よ》びよせたので、エジプトの魔術師《まじゅつし》たちも魔法《まほう》を使《つか》って同じようなことを行った。（「脱出の書」第7章　8～11）

つぎに、モーセらは、川の水を血に変えたり、水中から大量の蛙を上って来らせたりした。ファラオは、モーセに不思議を見せられても少しも驚かず、エジプトの魔術師たちも同様なことをして見せた。

モーゼとアロンは、主《しゅ》のご命令《めいれい》どおりにした。ファラオとその家来《けらい》たちの前で、アロンはつえを振《ふ》り上げ、川の水を打《う》った。川の水はすべて血《ち》と変《か》わった。（「脱出の書」第7章　20、21）

アロンは、エジプトの水の上に手をさしのばした。すると、かえるが上ってきて、エジプトの地を覆《おお》い尽《つ》くした。

しかし魔術師《まじゅつし》たちも、魔法《まほう》をもちいて同じことをし、エジプトにかえるを上らせた。（「脱出の書」第8章　2、3）

このことは、何を物語っているのか。

エジプトの宗教においては、魔術は大きな役割を演じている。何もエジプトだけではない。メソポタミア地方でもどこでも、古代宗教においては、みな然り。エジプト人も、はじめは、モーセを魔術師だと思った。

ひとりユダヤ教だけが魔術を厳禁した。魔術師や女魔術師は死刑に処した。

このことは、魔術師を尊敬するエジプト、メソポタミアの諸宗教と対蹠《たいせき》的であるだけではない。儒教とくらべても、違いが著しい。

儒教では、魔術師（巫蠱《ふこ》）の類は尊敬するどころか軽視して社会の最下位におく。しかし、魔術を厳禁して彼らを死刑にすることはしない。

ユダヤ教にかぎって魔術を厳禁する。

しかし、奇蹟を重んずる。

奇蹟は、断じて、魔術ではない。いわんや手品ではない。

奇蹟こそ神の証明

神は天地を創造した。このとき、天と地とその間にあるすべてのものも創造したのであった。社会法則、自然法則もまた。ある経済学者は、歎じて言った。天上における遊星《プラネット》の運動と地上における市場《マーケット》の運動に神の創造を見る、と。

自然法則もまた神の創造による。

となるとどうか。

神は任意に自然法則を変更しうる。

こういうことになるではないか。

だから、自然法則が変更されて奇蹟が起れば、そこに神の力が加わったことの証明になるではないか。

予言者《プロフェット》が、自分が預言者であることを証明するためには、奇蹟を起してみせなければならない。預言者とは、神に選ばれた者である。神の言を世の人びとに伝える人である。かかる人であることを証明するためには、神の力が加わっていることを実演してみせなければならない。

この理由によって、奇蹟は、預言者であることの証《あかし》である。神の力の示威《じい》である。

この理由により、ユダヤ教においても、キリスト教においても、奇蹟は、宗教の中心に据《す》えられている。

この点、同じく経典宗教といっても、イスラム教の場合には、少々いや大いに事情を異にする。

コーランは奇蹟を重視する。とは言っても、その奇蹟たるや、マホメット＝ムハンマドが起した奇蹟ではない。モーセ（ムーサー）やイエス（イーサー）などが起した奇蹟である。イスラム教徒もまた、ここに神《アッラー》の力の偉大さを見るべきであるとマホメットは主張する。

しかし、マホメット自身は、いっこうに奇蹟を起さない。そこで、キリスト教徒のなかには、マホメットは奇蹟を起す力がなかった――つまり預言者ではなかった――と嘲笑する者もいる。

イスラム教徒は、コーラン＝クルアーンこそ最大の奇蹟であると反論する。

とは言うものの、ユダヤ教やキリスト教でさかんにデモンストレートしているような奇蹟をイスラム教では重視しない。これは、たしか。この点、イスラム教は、同じく経典宗教とはいうものの、ユダヤ教、キリスト教とは、たいへん、ちがっているのだ。

ユダヤ教、キリスト教においては、奇蹟が宗教の中心に据えられている。奇蹟こそ、実に、宗教の担保者である。奇蹟あればこそ信じられる。

欧米の唯物論者の自伝を読むと、「私は何歳のときに信仰を棄てた」という告白に、しょっちゅう、お目にかかるだろう。信仰を棄てた理由として多いのが、福音書における奇蹟が、どうしても信じられない。こう告白されている。

欧米人だけではない。日本人にも同じような告白をしている人が多い。牧師さん（あるいは神父さん）のすばらしい人格に打たれてキリスト教に入信しようとした。すすめられて、まず、福音書を読んでみた。読んだ結果、入信をとりやめた。書いてあることが、あまりにも荒唐無稽《こうとうむけい》であって、いくら何でも信じられない。

こう言うのである。

当の牧師（神父）さんだって、本当に信じているのかどうか怪しい。福音書に書いてあることが本当に起ったのだとは。

それが何より証拠には、敬虔《けいけん》なクリスチャンであっても日本人はみんな、アメリカでファンダメンタリストに会うと、吃驚仰天《びっくりぎょうてん》してしまう。

ファンダメンタリストとは、福音書に書いてある奇蹟が実際起ったのだと信じている人びとのこと。

ファンダメンタリストの中に、業績をあげた科学者もいれば、社会的地位の高い人なんてザラにいる。

そこで、日本人はみんな（クリスチャンを含めて）、あんな立派な人が迷信にまどわされるなんてと、驚き入ってしまうのである。

論争する気も、改めてよく考える気も萎《な》えてしまう。いや、そんな気なんか、はじめからなかったんだろう。

ファンダメンタリストの科学者は、左のように論ずる。

物理学の法則に矛盾する現象が起きたって、物理学は少しも困らない。現代物理学の方法は不完全帰納法である。だから、いままで実験した結果ではこの〈**法則**〉が証明されたと言ったところで、「いままで実験しないこと」に関しては何も分らない。それ故に、右の〈**法則**〉では説明できない現象が起きても、少しもさしつかえはない。

まことに、そのとおりでしょうとも。論理的には。

でも、物理学の最先端の現象でもあるのならばともかく、日常に見られる物理現象で、こんなことが起きられた日には、とまどってしまう人が多いにちがいあるまい。人間がいきなり空中に浮いたり……。テレパシー、サイコキネシースまがいのことが、やたらに起きたり……。エイヤって声かけるだけで不治の病が治ったり……。

ファンダメンタリストにとって、こんなこと、不思議でも何でもない。福音書はよく言うではないか。「汝の信仰、汝を癒《いや》せり」と。

ファンダメンタリストの存在によっても知られるように、奇蹟こそキリスト教の生命《いのち》である。すでに論じたように、ユダヤ教の生命もまた奇蹟である。

では、奇蹟を軸としてユダヤ教とキリスト教とを比較するとどうなるか。

ユダヤ教とキリスト教との根本的なちがいの一つが看取され得よう。

病気を治したり、死者を蘇《よみが》えらせたり……これらすべて個人に関する奇蹟である。

イエス・キリストが起した奇蹟は、民族、国家、天下、世界レヴェルにかかわる奇蹟ではないのである。

この点、モーセの奇蹟とはちがう。

かの紅海の奇蹟をはじめ、モーセの奇蹟はことごとく、イスラエル民族に関する奇蹟である。

モーセだけではない。旧約聖書に纏《まつ》わる奇蹟は、ユダヤ民族全体、イスラエルの民全体に関する奇蹟である。

第3章

予定説と因果律

強靭となったユダヤ教

バビロニア捕囚後、「古代ユダヤ教」の神殿は再建されたが、契約の箱は還ってはこなかった。

イスラエルの民の心情としては、何ともかんとも、このうえなく、残念しごくのことであったろう。言葉にも何にもいい表わしようもないほどに。

しかし、宗教社会学的に言うと、このことによってユダヤ教は、宗教として、想像もできないほどに強靭《きょうじん》なものとなった。

ユダヤ教の教義は、法律《トーラー》（「タルムード」はその解説）の中にある。法律は情報であるから社会における暴力によって破壊されることはない。

しかし、ユダヤ人（イスラエル人）は、集団としてのまとまりがなくなれば、これは、どうしようもない。

イスラエル人の集団としてのまとまりのシンボル。それが、契約の箱である。

契約の箱は、ネブカドネザルが持ち去ったか破壊したか、ともかく永遠に失なわれた。だから、ユダヤ人（イスラエル人）の統合のシンボルを具象物（具体的な物）にもとめる契機は、永遠に失なわれたのであった。

ユダヤ教は、集団救済の宗教だから、個人を、直接、救済の対象とはしない。

だから、集団としてのイスラエル人が見失なわれれば、救済の可能性もまた失なわれる。

この点、キリスト教ともイスラム教とも、根本的にちがう。

イスラエル人は、何がなんでも集団を保持しなければならない。

他方、集団保持のシンボルたる契約の箱は、永遠に失なわれた。

この尖鋭な矛盾。

ユダヤ教は、抽象的一神に帰依する宗教である。

集団を保持するシンボルとしては、もはや抽象的一神以外には存在するものがなくなった。

皆無になった。偶像の製造は、はじめから厳禁されていた。ここまではすでに述べてきた要諦、さてこれから。

人間の外面《オーヴァート》（overt）における宗教的存在は皆無になった。

ユダヤ教が存立し得るとすれば、それは、人間の内部においてだけである。

ユダヤ教における信仰は、個人の主体的決断に基礎をおくものとなった。

このことは、集団救済宗教たるユダヤ教の端的に尖鋭な矛盾である。

しかし、この端的に尖鋭な矛盾がある故に、集団と個人という二極性の対立がある故に、ユダヤ教は、とほうもなく強靭なものとなった。

圧倒的に多数で強力な異民族の中に何千年も存在し続けて、しかも、ユダヤ民族の同一性《アイデンティティ》を保持し得るという、いくら驚いても驚き足りないほどの強靭性を獲得するにいたったのであった。ユダヤ民族の強靭さはどこからきたか。ユダヤ教の強靭さからきたのである。

現在、ユダヤ人は、世界中、いたるところにいる。

ドイツ系ユダヤ人、イギリス系ユダヤ人、ロシア系ユダヤ人、インド系ユダヤ人、中国系ユダヤ人……。いないのは日本系ユダヤ人くらいのものである。人種的にはさまざまである。古代ユダヤ人はひどく混血を嫌った（例、ヘロデ大王）が、今は平気。使う言葉もさまざまである。たいがいのユダヤ人は、ヘレニズム時代、すでにヘブライ語が使えなくなってしまっていた。顔つきもさまざま。ユダヤ人であるかどうか。顔見たって分らないことはある。いろんな民族の中にユダヤ人はいるんだから。

人種《レイス》、言葉《マザー・タング》……などで識別できないとすれば、ユダヤ人はいかにして識別されるべきか。

ネブカドネザル王によって契約の箱を奪われ、国土を失い……ついに血と言語まで失なった「ユダヤ人」は、何に拠《よ》って民族の同一性を保ち得たのであったのか。

同一民族であり続けることが可能であったのか。

他民族では、とうてい、想像すら不可能なことであったろう。

日本人にとって、こんなに程遠《ほどとお》いことは考えられまい。

日本人は、外国に移住するや、たちまち、現地に同化されて、日本人としての同一性を失なってしまうのである。

他方、ユダヤ人は、どこに移住しても、何千年、何百代たっても、ユダヤ人であり続ける。同一性を保ち続ける。

この日本人とユダヤ人とのちがいは、どこから生じたか。

まず、第一の答。

ユダヤ人は、何に依《よ》って、ユダヤ人であり得るのか。

何によって識別されるのか。

近代国家は、主権、領土、国民によって成立するとされている。例えば、ナチス運動のスローガンは、Ein Volk, Ein Reich, Ein Führer（一民族、一国家、一総統）ではなかったか。

第一次大戦後、ナチス運動が強力に展開されていた時期においてすら、ドイツ国は、まだ、近代国家として完成されてはいなかった。それであればこそ、ナチスの運動目的の一つは、右のごときものとなったのであろう。

理念型《イデアル・ティプス》（Idealtypus）としての近代国家は、主権、領土、国民によって形成される。

ネブカドネザル王によって約束の地を追われたユダヤ人には、これら三者の一つだにない。

しかも、何故に、一つの民族であり得《い》たのか。

ヒトラーは言った。国家は民族を容れる器《うつわ》である、と。

ヒトラーは、国家主義者ではなく民族主義者である。民族至上主義者である。ヒトラー主義の根源は、すべて、民族にある。それでいて、ヒトラーは、国家をも重視する。その理由は何か。国家という容器がないと、民族という水は漏洩《ろうえい》して失なわれるからである。

国家なき民族は脆《もろ》い。

国家という箍《たが》でしっかりと締めつけておかないと、民族はたちまち、血と言葉とを失なって、民族であることを止めてしまうかもしれない。

古来、かくのごとくにして、いかに多くの偉大ないしは強大な民族が失なわれたことか。

しかるに、外国人のまっただ中に移住したという条件下において、ユダヤ人にかぎって何代でも、もつのか。

ユダヤ教における救済

ユダヤの頑民の不逞《ふてい》は、遂に極限に達する。神はイスラエルの民に乳《ちち》と蜜《みつ》が流れる地を約束したもうた。しかるにイスラエルの民は、乳と蜜が流れる地を目前にして、この地に入ることを拒否したのであった。

主《しゅ》はモーゼ（モーセ）に仰《おお》せられた、「私がイスラエルの子らに与《あた》えようとしているカナンの地に人を送《おく》って偵察《ていさつ》させせよ」。（「荒野の書」［民数記］第13章　1、2）

モーセは、カナンの地に斥候《せっこう》を出した。斥候は帰ってきて報告した。

「あの地に乳《ちち》と蜜《みつ》が流《なが》れると言《い》われるのは本当です。……だが、あの地に住《す》む民《たみ》は強大で、町々は防備《ぼうび》され、しかも大きい」。（「荒野の書」第13章　27、28）

イスラエルの民は、怖気《おじけ》をふるってカナン攻略を諦《あきら》めた。

「あの民《たみ》はわれわれより強い、とてもわれわれは攻《せ》め上れない」と。（「荒野の書」第13章　31）

神は、これまで、いくたびとなく、イスラエルの民を、奇蹟によって、絶望の窮状から救いたもうた。紅海の奇蹟のごとくに。

朝、火と雲の柱《はしら》から、主《しゅ》はエジプト人の陣《じん》を見下ろして、陣《じん》を混乱《こんらん》させた。主《しゅ》は、彼《かれ》らの戦車《せんしゃ》の輪《わ》に歯止《はど》めをかけたので、なかなか前へ進《すす》まなかった。そのとき、エジプト人は言《い》った、「イスラエル人の前から逃《に》げよう。まったく、主《しゅ》が、彼《かれ》らのために、エジプト軍《ぐん》と戦《たたか》っておられるのだ」。

主《しゅ》は、モーゼに仰《おお》せられた、「海の上に手をさしのべよ。そうすれば、海の水は、エジプト人と、その戦車《せんしゃ》と騎兵《きへい》の上に襲《おそ》いかかる」。モーゼが、海の上に手をさしのばすと、夜明けになって、海はもとのところにもどろうとし、敗《やぶ》れて逃《に》げ走るエジプト軍《ぐん》につき当たった。このようにして主《しゅ》は、エジプト人を海の中で打《う》ち破《やぶ》られた。水はもとのところにもどったので、イスラエル人を追《お》って海中に入った戦車《せんしゃ》と騎兵《きへい》とファラオの全軍《ぜんぐん》を覆《おお》い、一人として逃《のが》れえたものはなかった。（「脱出の書」第14章　24〜28）

ユダヤ教における救い《サルヴェーション》（Salvation）とは、危機に際して、神が必ず奇蹟によってイスラエルの民を危機から脱させたもうことをいう。

ユダヤ教における救い（救済）を、他の諸宗教における救いと比較せよ。

一般に救いとは、当該宗教がめざす人間最高の状態、宗教的至福を意味する。

仏教における救いとは、このうえなきさとりを開いて涅槃《ねはん》に入ることをいう。

儒教における救いとは、聖人が天子の位に即《つ》いて理想的によい政治を行なうことをいう。

キリスト教における救いとは、神の国に入って永遠の生命を得るにある。

イスラム教における救いとは、コーランをはじめとするイスラムの法を遵守《じゅんしゅ》して天国《シャンナ》に入れてもらうことをいう。

これらに対し、ユダヤ教における救いとは、神の奇蹟による危機からの脱出である。救済単位は、イスラエルの民（ユダヤ人）全体。個々の人間ではない。

この点、繰り返すが、儒教における救済単位が中国人全体であることと同様である。

仏教、キリスト教、イスラム教における救済単位が個人であるのとはちがう。

宗教は、救済単位が、救済を確信することによって成立する。そして、確信し続けることによって存立し、確信しなくなることによって亡びる。

瀆神の民

旧約聖書を読むにつけても痛感することは、イスラエルの民とは、何という不信の民であったか。このことである。神が、いくたび、奇蹟によってイスラエルの民を危機から脱させたもうても、このことを信じない。神は、必ず、奇蹟によって危機から脱させたもうことを信じないのである。

旧約聖書を実際に読んでみれば、かかる例があまりにも多いことに一驚を喫するであろう。

コーランも断言しているではないか。

「さ、我らがここに授けるもの（律法を指す）しっかりと受け取るがよい。中に（書かれて）あるもの（いわゆるモーセの戒律）をよく心に留めておくのだぞ」。（『コーラン』二「牝牛」六〇（六三）井筒俊彦訳　岩波文庫）

しかも、イスラエルの頑民は、神の言いつけを守るほど従順ではない。

これには、神《アッラー》も、神《アッラー》の預言者たるマホメット（ムハンマド）も呆《あき》れはてる。


しかるに、その後、汝らは背《そむ》き去った。もしアッラーのお恵《めぐ》みと御慈悲なかりせば、汝ら（その報いとして）亡《ほろ》びの道を辿ったであろうに。（同右　六一（六四））

イスラエルの頑民たちは、神に背《そむ》くにもこと欠いて、何と、偶像崇拝をやらかしたのであった。

神が授けたもうた律法において最も重い罪が、偶像崇拝であることは言うまでもない。

また、神以外の「神」を神としてはならない。

神が厳禁しているのに、イスラエルの民は、何かというとすぐ、この禁を犯す。

マホメットにとっても、このことは、いたく印象的だったのだろう。

コーランは言う。

（憶《おも》い起せよ）我らが汝らのために海を裂いて（この事件は「出エジプト記」に物語られている）汝らを救い、かつ汝らの見ている前でフィルアウンの一族を溺死《できし》させたときのことを。（同右、四七（五〇））

フィルアウンはエジプト王のこと。紅海の奇蹟は、神《アッラー》の力のデモンストレーションとして、イスラム教においても、最大限に利用されていることに注意。

神は、これほどの大奇蹟をもって、イスラエルの民を危機から救った。

これほどまでの大奇蹟を目のあたりにしながら、それでも、イスラエルの民は、性懲《しょうこ》りもなく、法を破る。

ソロモン大王といえども、とくに晩年においては、偶像崇拝という瀆神にはしったではなかったか。「列王の書」（列王記）、「歴代の書」（歴代志）、これらはほとんど瀆神《とくしん》の記録ではないのか。

ユダヤ、イスラエルの王は、何かというとすぐ、偶像崇拝にかぶれるのである。

預言者が、いくらきびしく警告してもきこうとはしない。

心は神に無いからである。

心、焉《ここ》にあらざれば、視れども見えず、聴《き》けども聞えず（『大学』章句）の範例みたいな話ではないか。

右の瀆神王・預言者劇は、旧約聖書のシナリオであり、役者変われどもシナリオ変わらず。

中国の易姓革命劇のごとく、赤川次郎の小説のごとく、故梶原一騎のマンガのごとく。

同様なテーマが役者と道具立てを入れ替《か》えて繰り返される。嫌いな人にはマンネリだと映るかもしれないが、好きな人にはたまらないところであろう。

右のユダヤ瀆神民族物語は、宗教社会学的に言うと、また、エホバ、生みの苦しみの物語とも言える。

ユダヤの王や民が、すぐ、アスタルテの、ミルコムの、ケモシュのと異国のいともけがらわしき神々に心を傾けたがるというのは、これらの神々が、エホバより魅力的であるからである。

古代ユダヤ教成立後のユダヤ人が、異国にあって、異国の神々に、四六時中《しろくじちゅう》かこまれつつ、少しも異国の神々に心を動かさないことと比較しても見よ。

古代ユダヤ教の成熟

バビロン捕囚以前、エホバは未《ま》だ幼稚であった——宗教社会学的に言うと——。神として成熟しきっていなかった。イスラエルの民もまた、宗教的に未熟であった。

文化的に水準が遥《はる》かに高いエジプトやバビロニアの神々、またこれらの高い文化から強い影響を受けた地方の神々の前では、エホバは、いとも魅力すくなき存在にすぎなかった。

そのエホバが、王国滅亡・契約の箱《ジ・アーク》喪失・バビロン捕囚の過程をへて、不動の信仰の対象たる神にまで成長する。

イスラエルの民は、神の救済条件を確信し、実践し、神の法を、かたくななまで固守する民に変身をとげる。

マックス・ヴェーバーはじめ多くの学者は、このように論ずる。

バビロニア捕囚からの解放、メシアによる国家の再建などが、救済の内容となった。

ヴェーバーは言う

ユダヤ人は賤民であった（いや、賤民となった。）（『古代ユダヤ教』序文）

ではなぜ、ユダヤ人は賤民におとされ、バビロンくんだりで、ネブカドネザルなどの専制王の下で苦吟しなければならないのか。

ヴェーバーは分析する。それは、ユダヤ人が神の命令（神との契約）を破ったからである、と。

しかし、ユダヤ人が賤民であるという意味は、カースト社会たるインドの賤民とは意味がちがう。

インド人の世界は、永遠に不変であって歴史をもたない。インドの賤民が救済されるためには、カーストのより上のランクに生まれ変わってくるほかない。

これとはまったくちがって、イスラエル人の世界は、永遠でも不変でもない。

この世界は、神が創造したものである。

ユダヤ人が賤民であるというのは、歴史の一段階にすぎない。

やがて革命が起きて、世界の秩序は、根本的に変革される。

この社会革命は、神がつかわしたメシアの指導の下でおこなわれる。
この革命の結果、賤民たるユダヤ人は、世界の支配民族となる。
これが、苦難の中で成立したユダヤ教における救済である。
ユダヤ人は、この救済を信ずるようになった。
では、神に救済してもらえるための条件は。
神の法（神の命令、神との契約）を守ることである。
神の救済を信ずるようになったユダヤ人は、神の法を厳守するようになった。
かくて、古代ユダヤ教は成立した（ヴェーバーの所説の著者による要約）。
ユダヤ民族が形成された。
そして、今日にいたる。

神勅を分析する

さて以上、ユダヤ人について詳論したことを要約した。
これを補助線にして日本人について論じたい。
日本人とユダヤ人との共通点は、神の言葉から始まる。
すでにユダヤ人について論じてきたが、
日本人については、日本書紀による。

「葦原《あしはら》の千五百秋《ちいほあき》の瑞穂《みづほ》の国は、是《こ》れ吾子孫《あがうみのこ》の王《きみ》たるべき地《くに》なり。宜《よろ》しく爾皇孫《いましすめみま》、就《ゆ》いて治《しら》せ。行矣《さきくませ》。宝祚《あまつひつぎ》の隆《さかえ》まさんこと、当《まさ》に天壌《あめつち》とともに窮無《きはまり》かるべし」（平泉澄『物語日本史』より）

主神天照大神《あまてらすおおみかみ》は、日本を天孫瓊瓊杵尊《ににぎのみこと》に与え、皇統が永遠に続くことを宣言する。

日本という理想的な土地が、神によって与えられた。

「乳《ちち》と蜜《みつ》が流れる国」というかわりに「瑞穂《みずほ》の国」という。豊かに米がとれる国という意味である。米は最重要な産物。その米が豊かに実る国だというのだから、これは武陵桃源《ぶりょうとうげん》以上。

日本は、最重要生産物たる米が豊かに取れる国なので、「葦原の瑞穂の国」と呼ばれた。

その日本米《にほんまい》が、今や、米米《べいまい》に圧倒されそう。

その米国《べいこく》を日本は、今や、自動車と鉄鋼で圧倒している。今や、「葦原の瑞穂の国」は「豊《とよ》モーターのスティールの国」とでも改名せずばなるまい。

その昔々大昔、日本が葦原の瑞穂の国であった頃。

神は日本を天孫瓊瓊杵尊《ににぎのみこと》に与えたまい、皇統の天壌無窮《てんじょうむきゅう》（永遠性）を約したもうた。

神は、日本を与えたもうたのであるが、ここの神学的要諦《ようたい》は、それが〈**無条件**〉であることである。

日本人とユダヤ人。

世界で、この二つの民族にかぎって、神は理想的土地を与えたもうたが、決定的なちがいは。

日本は無条件。

ユダヤは条件つき。

神は、「乳《ちち》と蜜《みつ》が流れる国」をイスラエルの民に、無条件で与えたもうたのではなかった。厳重な条件がついていた。

その条件とは、神が与えた法（神の命令、神との契約）を守ること。この条件の下で、神はイスラエルの民にカナンの地を与えたまう。イスラエルの民が神の法を守らなければ、神はたちまち、イスラエルの民を鏖《みなごろし》にしたまう。

この命題は、モーセ五書全体にゆきわたっている。

が、これこそ日猶《にちゆう》（日本と猶太《ユダヤ》）比較の急所なので、しっかりと腑《ふ》に落し込んでおきたい。


今日私が行えと命《めい》ずるすべてのおきてを守《まも》れ、そうすればおまえたちは生きて数をふやし、主《しゅ》が先祖《せんぞ》に約束《やくそく》された地に入って、そこを所有《しょゆう》することができる。（「第二法の書」「申命記」第８章　１）

でも、法を守らなければ。

主《しゅ》は言明したまう。


必《かなら》ずおまえたちは滅《ほろ》ぼされてしまう。（「第二法の書」第８章　19）

カナンの地は、法を守るという条件で与えられたのである。

これに対し、日本の地は、まったく無条件で与えられた。

何故か。

そのことが、神の意志であるからである。

神は、無条件で意志決定をする。

そこに、何の理由も説明も必要ではない。

いかなる正統性も必要ではない。

いや、神が決定したことが正しく、神が決定を拒否することは正しくない。

正しさは、つねに神から発する。

いわんや、人智の賢《さか》しらで神の意志決定の正否を論《あげつら》うべきではない。

「神勅」は、右のごとき神学的構造をもつ。

ところで、これ、いかなる思想か。

予定説《プリディスティネーション》(Predestination)である。「予定調和説」と訳されることもある。

みごとなまでの予定説である。予定説は根本論理ではある。が、人口に膾炙《かいしゃ》しにくいものであるから、生のまま剥《む》き出しで語られることはすくない。

マックス・ヴェーバーは、「エペソ書」(エペソ人への手紙、エフェゾ人への手紙)を予定説の出典として挙げている。

パウロの「ローマ人への手紙」にも明記してあるが、その意味を正確に理解できる人はまあ、いないだろう。パウロの任務は布教にあるのだから、予定説ほどの俗耳に入りにくい教えのまわりは、予定説とは矛盾するような文章でかこい込んでいるからである。

予定説をズバリと明言し、教説の中心に据《す》えたのはカルヴァンである。

カルヴァン説の宗教社会学的意味を解明したのは、マックス・ヴェーバーである。

予定説《プリディスティネーション》とは何か。

ルッターが、いみじくも、Voher-bestimmungと訳したように、神が、予《あらか》じめ（Voher）定めること（Bestimmung）をいう。

神が、予《あらか》じめ、定める。

何を。

恩恵《グレイス》（grace）によって救われる人とそうでない人との選別を。

神の恩恵が与えられた人は救われ（救済され）て永遠の生命を得る。神の恩恵が与えられず救われなかった人には、永遠の死あるのみである。キリスト教では輪廻転生《りんねてんせい》を考えない。また、神から永遠の死を給った者が蘇生《そせい》することはあり得ない。

では、救われる人と救われざる人との選別はいかにしてなされるのか。救われる人であると選別されるための条件は何か。

条件はない。〈**無条件**〉である。

神は、よい人を救われるものと選別し、よからざる人を救いの選別からはずすのか。

よい行いをすれば、神は救われると選別し、わるい行いをすれば、神は救いの選別からはずすのか。

まったくちがう。

神は、まったく無条件で、救う人と救われざる人の選別をする。当該《とうがい》の人の行いとは関係ない。

と言い切ると、あっと驚いてとび上がることだろう。

ミルトンは、地獄に落されたってこんな神さまを信ずるのは嫌だと断言した（ヴェーバー、大塚訳、前掲書）。

が、日本人にとって、予定説ほど理解を絶することはあるまい。

東大大学院の特別に優秀な学生でも理解困難である。

日本人に予定説を理解させることは、中学生に位相数学を理解させるよりも困難である。法律に無知であった者を指導して半年後に司法試験に合格させるよりも困難である。

その理由は、日本人の宗教観とかけ離れすぎているからである。

仏教の論理は因果律

仏教は、日本人に染《し》み入《い》った宗教である。日本語の語彙《ごい》から仏教用語（正訳も誤訳も含めて）を取り去ったならば、日本語は雲散霧消するであろう。このことを考えてみただけでも明白であろう。

その仏教の論理は因果律《コーザリティ》（Causality）である。すべてのことには、必ず、その原因がある。因果応報といい、よいことをすれば必ずよい報いがある。わるいことをすれば必ずわるい報いがある。

この因果応報の理《ことわり》は、仏の意志決定によっても変更できない。

いやこの理をこのうえなくさとることによって人は仏に成る。

この考え方は、日本人の無意識の底の底にまで深く染みついている。

だから、因果律と真向から対立する予定説に接するや、日本人はみんな面食らう。とまどってしまう。いや、悶絶《もんぜつ》する。

人の行いのよしあしにかかわらず、神が勝手気儘《きまま》に、人を救ったり救わなかったりする。

なんてことを耳にするやいなや、日本人の反応はきまってこうだ。

人を救ったり救わなかったり。その選択は神さまの勝手でしょ。なんてゆきっこない。よい人を救い、よからざる人は救わない。その選別こそ神さまのつとめではないか。

その大切な神のつとめを放棄して勝手に無条件に人の選別をするなんて。

そんな「神」。淫祠邪《いんしじゃきょう》教の類《たぐい》にきまっている。退治してしまえ。

必ず、こうくる。

でも、どういたしまして。

キリスト教の神さまは、全智全能。天地の創造者なんですぞ。大江山の酒顛童子《しゅてんどうじ》なんて者ではない。源 頼光《みなもとのよりみつ》だって金太郎だって退治なんかできない。できっこない。

予定説に当惑するのは、並の日本人だけではない。

かの内村鑑三だって。

内村鑑三も、予定説を理解し、ひとに説明するために苦心惨憺《さんたん》している。内村の態度は真摯《しんし》をきわめ、キリスト教の体得は深い。が、カルヴァンやヴェーバーとはちがって、予定説の論理を理解しているとは言いがたい。

そこが、やはり日本人たる彼の限界か。

内村は、『キリスト教問答』（講談社学術文庫）において、予定説というキリスト教最大の難問を避けて通ろうとはせず、正面からこれと格闘する。

客が問いを発し、主人（内村）がこれに答えるというかたちをとっている。

「客」といっても人名を特定されているわけではないから、これ、やはり内村の分身か。想定されたる日本人の一般か。

名著として定評が確定している『キリスト教問答』において、内村を含めて日本人にとって予定説はまったく理解を絶するものであること。このことが如実《にょじつ》にデモンストレートされている。

客は、キリスト教の予定とは何か。これを問う。

答　それは、読んで字のごとく、神に救《すく》われし者は神によって予《あらかじ》め定《さだ》められた者であるということであります。
問　そのような事を今でも信ずる者がありますか。
答　今は多くありません。（『キリスト教問答』169頁）

明治時代（『キリスト教問答』が一冊の本として出版されたのは一九〇五年であり、その前に、いくつかの雑誌に掲載されてきた）予定説を信ずるクリスチャンは、あまりいなかったことに注意。

しかも、内村は、予定説は、キリスト教の「根本的教義の一つ」であり（同右　１７２頁）、彼は「予定の教義を信じます」と断言する（同右　１７０頁）。

このことは、内村のキリスト教の体得が、いかに深く、徹底したものであるかということを示している。

が、内村は予定（説）の論理を理解するまでにはいたっていないことも示している。予定（説）の論理を理解しようとして踠《もが》けば踠くほど、彼の予定（説）無理解は露呈されてくる。その踠きの苦吟を公表するところに、日本人内村鑑三の無私の真剣さを見る思いがする。内村は予定説を予定と書いているので、ここでは説を（　）内に入れる。

内村の詳しい説明を聞いた後、客は礼を言って、最後にしめくくる。

もちろん、まだ貴方《あなた》のご説明によって疑問がすべて解《と》けたとはいえません。（同右　１９６頁）

内村が、聖書から博引旁証《はくいんぼうしょう》して、縷々《るる》と説明しても、「もちろん」、予定（説）を日本人に納得させることはできなかった。疑問がすべて解《と》けはしなかった。

しかも、客は喜んでいる。

しかしながらキリスト教をまったく新方面よりうかがうことを得て、はなはだ喜ばしく存《ぞん》

じます。（同右　196頁）

神は不公平である

日本人にとって予定（説）は、キリスト教の「まったく新方面」であったのであった。

このことは、刮目《かつもく》すべきである。

戦国時代末期についで、明治時代ほど、日本におけるキリスト教が伸展したことはなかった。それでいて、予定（説）がキリスト教の根本論理であることに気付く者なんか、まあ、いなかった。

内村鑑三自身、この事実に、とくに気を留めていることに留意しておきたい。

それであればこそ、彼自身がシナリオを組んだ『キリスト教問答』においてすら、内村がいくら言葉を連ねて説明し、彼自身の体験までも告白して追加しても、日本人は、「その気持」は高く感じとっても、「疑問がすべて解ける」というわけにはゆかないのである。

日本人の予定（説）に対する疑問とは何か。

神は不公平ではないのか。

このことである。

客は、内村に質問して言う。

かくも、ある者を救《すく》ってある者を救《すく》わざる神ははなはだ偏頗《へんぱ》なる神でありまして、かかる

神を公平の神、公義《こうぎ》の神と称《しょう》することはできない。（同右　１８６頁）

これ、予定（説）に対するいわば最大の疑問である。内村は答えて言う。

答　ごもっともなるご質問であります。（同右　１８６頁）
神は不公平なりとの疑問は、彼パウロが予定を唱《とな》うるや否《いな》やただちに彼の心の中にわいた疑問であった……　（同右　１８６・１８７頁）

この疑問に対して、パウロは何と答える。
内村は何と答える。

内村の答は、「神は公平ではない」というのではない。
内村の答は、「神は不公平だが自然も不公平である。（だから仕方がない）」というにある。

もし不公平をもって神を責《せ》めますならば、同じように天然《てんねん》を責《せ》めなければなりません。（中略）ある婦人は美人として生まれて、他の婦人は醜婦《しゅうふ》として生まれてきたか、生来《うまれつき》何の罪《つみ》ありて、蛇《へび》は人にきらわれて鳩《はと》は人に愛せられるか、これを思えば天然《てんねん》の不公平もまたはなはだしいではありませんか。（同右　１８７頁）

「神も不公平だが天然も不公平である。だから神を責《せ》められない」という主張は、「あいつが泥棒をやったからオレもやる。だからオレを責めることはできない」と言うのと同じ立論であって大方の承知することとあたわざるところであろう。

内村の「答」は、右の意味で答になっていない。最後に客が「もちろん、まだ貴方《あなた》のご説明によって疑問がすべて解《と》けたとはいえません」と結んでいるのもむべなるかな。

さらに重大なことは、天然を正当性根拠として神を弁護している。その論証法である。

創造主と被造物

神は、天と地とそれらの間にあるすべてのものを創造した。それらの間にある法則も正当性も神の創造による。天然といえども例外ではあり得ない。天然も、その正当性を含めて、神が創造した。一種の被造物《クリーエイチャー》(creature)にすぎない。

被造物の一種たる天然の正当性をもって神の正当性を弁証しようとは。

キリスト教の論理とは無縁な論証法であると言わなければならない。

ユダヤ教・キリスト教においては、正・不正は、神とはべつに存在するものではない。やはり、神の創造による。すなわち、神が欲することが正であり、欲せざることが不正である。

この点、仏教とも儒教とも根本的にちがう。とくに日本人は、くれぐれも注意しておく必要がある。

仏教では、仏といえども、正を不正にし、不正を正にすることはできない。正・不正、その識別基準は、仏以前に、仏とはべつに、すでに存在するものである。

儒教では、聖人といえども（すすんでは、「天」といえども）、正を不正にし、不正を正にすることはできない。正・不正、その識別基準は、聖人以前（「天」以前）に、聖人とはべつに（「天」ともべつに）、すでに存在するものである。

仏教的思考法、儒教的思考法は、日本人の無意識の底にまで滲透《しんとう》している。だから、どうしても、頭がひとりでに、仏教的、儒教的に動いてしまう。

内村鑑三とて例外ではない。

内村鑑三の仏教的素養、儒教的素養の深さと広さは感服すべきものがある（例、『代表的日本人』参照）。が、自身代表的日本人たる内村は、キリスト教的素養には欠けるところがあると言わなければなるまい。

それが何より証拠には、予定（説）の論理を、てんで理解していないではないか。

内村は、天然の不公平さをもって神の不公平さを弁護したのであったが、また、つぎのようにしても神を弁護している。

神に予定された者（救われる者として神に選択された者）には、歓喜《かんき》に伴《ともな》う苦痛《くつう》がある。ゆえに、歓喜が苦痛に相殺《そうさい》されるから神は公平である。これが内村の論旨である（内村は、ここまで言い詰めてはいないが）。

内村は言う。

そうして実際において、神に予定された人は大なる不幸者として世《よ》に認められます。（『キ

リスト教問答』 189頁）

まさに、そのとおり。

神に予定された者のサンプルとしては、預言者、使徒。

預言者は、迫害をうけ苦痛にさいなまれる。と相場が、いや公定価格が決まっている。預言者は、世俗的幸福とは無縁である。

だから、預言者になんかに予定されたらたいへん。いい面《つら》の皮とはこのことだ。


おまえを胎内《たいない》につくるより先に、私はおまえを知っていた。

母のふところから出るより先に、私はおまえを聖別《せいべつ》し、国々の預言者《よげんしゃ》と定《さだ》めた。（「エレミアの書」第1章　5）

エレミアは、紀元前六五〇年、エルサレムの北東アナトットの村の祭司の家に生まれた。

修行、学問、能力においてきわだったものは何もない。全然。

そのエレミアを神が預言者に予定した。

エレミアにとって、これ以上の迷惑はない。

エレミアは、神に抗《あらが》って言った。


ああ、主《しゅ》よ、ごらんください。私は話し方を知りません、若《わか》い者《もの》ですから。（「エレミア

の書」第1章　6）

エレミアは、まだ私はほんの子供です。預言者に成れなんてとんでもない。だいいち、人前で何と言えばいいのか見当もつきません。

が、断わられたからとてひきさがるような神ではない。やると決めたらどこまでもやる。それが神というもの。

〈神の予定は絶対〉なのだ。

主《しゅ》は、御手《おんて》をのべて私の口にさわり、仰《おお》せられた、「見よ、わしのことばをこの口におく」。

（「エレミアの書」第1章　9）

預言者とは、神の言葉のスピーカーである。自分の言葉で喋《しゃべ》るのではない。

かくて、「年齢の上だけで若いのではない、無知で、弱くて、器量も持たぬ、とるに足らぬ者」（犬養道子『旧約聖書物語』）エレミアは、神に予定されて万国の預言者となった。まことに、「ヤーウェは押しつけがましい神であった」（同右）。

神は、エレミアに命じた。

「妻《つま》をめとるな、このところで息子《むすこ》も娘《むすめ》ももってはならぬ」。（「エレミアの書」第16章1）……

「弔《とむら》いの宴《えん》に加《くわ》わるな」。（同右　第16章　5）………

「ともに食べ飲《の》もうとして宴会《えんかい》の家に入って腰《こし》かけることもするな」。（同右　第16章　8）

生涯、独身で通せ。そのうえ、ひとの葬式にさえ出てならぬというんだから、これは、村八分ならぬ村十分。ひととの付き合いはまかりならぬ。宴会なんて、とんでもない。すべての人と絶交しろ。神は、こう命じたもうた。


エレミアは、もともと、おだやかな柔和な人であった。

そのエレミアが、神の予定を受けて獅子《しし》奮迅《ふんじん》。

滅びと災いの予言をふれてまわった。

人びとは、あまりにも激しい予言に動転し、反対と侮辱とをエレミアに集中した。殺そうともした。親類からも棄てられた。友人はない。

「神の特別の選択をこうむって、神に余儀《よぎ》なくせられて、神の聖業《みわざ》についた」（内村、前掲書173頁）者の救いたるや、かくのごとし。

預言者は、イスラエル・ユダヤの王と民に、そんなことをしていると、神は災害と滅びとを下したもうと告げる。こんなことを告げるものだから、当然の反作用として、彼の身には災害がふりかかり、滅びが踵《きびす》を接する。

それでも、挫《くじ》けずに神の言葉を伝えなければならない。

神は絶対

それが預言者。エレミアは預言者の代表例であるが、その他の預言者とて同様。

神に預言者として予定されるほどの災難はない。苦痛はない。

まことにそのとおり。

このことを考えると、当人の抗《あらが》いをも無視して、或《あ》る人に預言者を押しつけることは、この人に、このうえなく不公平なことであると言わずばなるまい。

右の予定が不公平ではないと言えるのは、右の苦痛が、預言者として神に予定されたという歓喜《よろこび》と、うまくバランスするからか。

内村の論旨をつき詰めると、こうこなくてはならなくなる。

このように整理してみると、内村の論旨も納得できるような気もしてくる。

しかし、予定（説）の論理とは、かくのごときものなのか。

予定（説）をめぐって、「神は公平なり」ということを証明しなければならないのか。

予定（説）がキリスト教の根本的教義であり、内村がこれを信ずる以上、内村は「神は公平なり」という命題を証明しなければならない。

こういうことなのか。

いや、そうではない。

とんでもないことだ。

右のように思い込んだところに根本的誤解がある。内村鑑三は、予定（説）を根本的に誤解しているのである。

カルヴァンは、絶対に、内村のように考えない。

ヴェーバーが分析したカルヴァン説を要約すると左のようになる。

「神は公平である」なんていうことを証明する必要は少しもない。絶対にない。

それどころではない。

「神は公平である」ことを証明しなければならないと考えることこそ瀆神《とくしん》である。

公平、不公平なんて言ったところで、それは、畢竟《ひっきょう》、人間界の規範にすぎない。

神は絶対に高く、人間は絶対に低い。

その低い人間界の規範で高い神を律することは、法外の瀆神である。

絶対的な神の前では、人間なんて、蛆虫《うじむし》にすらはるかに及ばない、とるに足らぬ存在にすぎない。

人間の規範で神を律するなんて、蛆虫の規範で人間を律する以上のナンセンスである。

神は、是非善悪から、完全に自由である。

いや、実は、神が欲することが是であり善である。神が欲せざることが非であり悪である。

神は、是非善悪を意志決定する。天と地とともに、是非善悪、正・不正をも創造した。まったく自由に。まったく任意に。

ユダヤ教、キリスト教は、すべて、この論理で一貫されている。

予定（説）の根底には、この論理がある。

何が正しく、何が正しくないか。善とは。悪とは。

それらはすべて、神が与えたまいし法にてらして決定される。法とは、神の命令であり、神との契約でもある。法はまた同時に、社会規範でもある。この点、イスラム教と同様である。

くれぐれも日本人には馴染《なじ》まない命題であるので、とっくりと腑に落し込んでおかなければならない。

そうでないと、ユダヤ教もキリスト教も、チンプンカンプン、トラニャーニャーになってしまう。

第4章

救われる者と救われざる者

善悪は法によって決まる

正・不正、善悪は、すべて（神が与えた）法によって決定される。
とは、こういうことでもある。
法がなければ、正・不正、善悪も無《な》い。
法は、十戒をはじめとして、モーセ五書《トーラー》に記されてある。
神が法を与える前には、当該の法はない。
例えば。
主《しゅ》がモーセに与えたもうた法は言う。

姉妹《しまい》を犯《おか》してはならぬ。おまえの父の娘《むすめ》であろうと、母の娘《むすめ》であろうと、これを犯《おか》してはならぬ。（「レビの書」［レビ記］第18章　9）

ここに、犯すとは性交（intercourse, sexual relation）をすること。

おまえの家に生まれた、父の妻《つま》の娘《むすめ》を犯《おか》してはならぬ。それは、おまえの姉妹《しまい》なのだから、彼女《かのじょ》らを犯《おか》してはならぬ。（「レビの書」第18章　11）

また、右のように補っているから両親のうちの（他方がちがう）半姉妹をも犯してはならないことは明白である。

これが、法の規定。

しかし、主《しゅ》がモーセに法を与える以前には、法はないから、当然、右の規定もない。

善悪は法が決定する。姉妹との近親相姦《そうかん》が悪いのは、法がこれを禁止しているからである。

この法が与えられる以前においては、姉妹との近親相姦も、べつに、悪いことではなかった。

イスラエルの民の太祖アブラハムは、妹サラと堂々と結婚している。

「あの女は、実際《じっさい》のところ私の妹で、父の娘《むすめ》ですが母が違《ちが》います。そして私の妻《つま》になりました」。（「創世の書」第20章　12）

しかも、神人《かみひと》ともに、少しもこれを咎《とが》めてはいない。

神が、アブラハムとサラとの結婚を嘉納《かのう》したもうたことは明白であった。神は、この近親相姦の結婚で生まれたイサクと契約を結んだ。

「おまえの妻《つま》サラがおまえに一人の子を生む。その子をイサクと名づけよ。私は、彼《かれ》と永遠《えいえん》の契約《けいやく》を結《むす》ぶ」。（「創世の書」第17章　19）

カナンの地も、イサクの子孫に約束された。神は、アブラハムとハガイとの間に生まれたイスマエル（これは近親相姦と関係がない）とは契約を結ばなかった。

神はイスマエルを祝福する。そして、

「イスマエルについても、おまえの願《ねが》いを聞き入れる。私は彼《かれ》を祝福《しゅくふく》し、子をふやし、多くの子孫《しそん》を与《あた》える、多くの子孫《しそん》を。彼《かれ》は十二人の長《おさ》を生み、彼《かれ》によって大いなる民《たみ》が生まれる」。（「創世の書」第17章　20）

と予定した。

この民は、アラブ人である。神はアラブ人には、特別の土地を約束しなかった。フセインが、ヨシュアとちがって、勝手に土地を侵略できない所以《ゆえん》である。

バルバロ神父は、ここに註して言う。

神の計画はまったく神の自由によってその実行の方法が決められる、と。（バルバロ訳『聖書』37頁、註　20〜21）

神の予定とは、かくのごときものである。

それにしても、「善悪は法によって決められる」「法がなければ善悪なし」ということの意味、お分り頂けたことと思う。

このように、神がモーセに法を与えるまでは、姉妹とのあいだの近親相姦はさしつかえがなかった。

もう、ちょっと、ドキンとする話から。

かのソドムとゴモラである。神は、水爆もどきで、ソドムとゴモラを全滅させた。このとき、神は、正しい人ロトを滅びの中から救いたもうた。

しかし、ロトの妻は後を顧《かえり》みたので塩の柱になった。

ロトは、二人の娘といっしょに洞穴に住んだ。

ちょっとドキンとするのは、ここから先。


ある日、姉《あね》は妹にこう言《い》った、「お父さんは年寄《としよ》りだし、この地のならわしでは、私たちとめおとになる男はいない。さあおいで、お父さんにぶどう酒《しゅ》を飲《の》ませ、彼《かれ》といっしょに寝《ね》ましょう。そうすれば、お父さんに子孫《しそん》を残《のこ》すことができるでしょうから」。（「創世の書」第19章　31、32）

その夜、姉妹は父にしこたまワインを飲ませ人事不省にしておいて、姉娘が父とセックスした。同様にワインを飲ませて、次の夜は妹娘が。（「創世の書」第19章　33～35より）。

昏睡《こんすい》状態でよくも、なんて半畳《はんじょう》を入れるのは誰ですか。

近親相姦までして、何で神に罰せられなかったのか。

何故でしょうね。

よく考えて下さい。

ここが、キリスト教、ユダヤ教理解の鍵《かぎ》。

いかにも、近親相姦娘は、神に罰せられませんでした。

それが何より証拠には。近親相姦によって生まれた子供の子孫は栄えたのである。

こうして、ロトの二人の娘《むすめ》は、父の子を身ごもった。姉《あね》は男の子を産んで、モアブと名づけた。モアブは、今もいるモアブ人の先祖《せんぞ》である。妹も男の子を産んで、ベン・アンミと名づけた。この人は、今もいるアンモン人の先祖《せんぞ》である。（「創世の書」第19章　36〜38）

ごらんのとおり。

では何故、神は、近親相姦を行なった娘を罰せられなかったのか。

それが罪でなかったからである。「正しくないこと」ではなかったからである。

ロトと彼の二人の娘の話は、モーセに神が法律を給わるより、ずっとずっと昔の話。たしかに、モーセに下さった法律には、近親相姦の禁止条文がある（「レビの書」18章）。が、ロトの時代には、まだ神は近親相姦を禁止してはいなかった。

ここが肝要。

だから、近親相姦は罪ではない。「正しくないこと」ではない。

この論理が仏教、儒教とはちがう。

神と関係なしに、すでに定まっている是非善悪はない。神が是非善悪を定める。神が正しいと定めたから正しい。神が禁止したから（それを行なうことは）正しくない。

これが、ユダヤ教、キリスト教の論理。

では、まだ、神が禁止していなければ。

（それを行なうことは）、正しいとも、正しくないとも言えない。

どうしても、こうならざるを得ない。

これが、ユダヤ教、キリスト教の論理。

ベン・アンミは、たしかに近親相姦の子である。しかし、不義の子であるとは言えない。神がモーセに法律を与えたもうまでは、近親相姦は不義とされてはいなかったのだから。ダビデ大王の子アムノンは妹タマルを病気になるほど恋した。

アムノンは計画を用いてタマルをつかまえ、「ぼくと寝てくれ」と要求した。タマルは、「そんなことはイスラエルでは行なわれていません」と要求を拒否した。

ダビデ大王の頃になると、イスラエルではすでに近親相姦は悪であった。それが悪である理由は、それを禁止する法が存在するからである。巷間《こうかん》の俗説がいうように、障害のある子が生まれるから、などという理由によるのではない。

右の例からも明らかなように、近親相姦は、法が禁止していなければ悪ではない。法が禁止するから悪になる。

神の意志決定は自由

その法は、神が自由に立《つ》る。

立法において神がいかに自由であるか。

食物規制に一瞥《いちべつ》を投じただけでも納得されよう。

周知のように、ユダヤ教には、うるさいほどの食物規制がある（例、「レビの書」第11章）。なかには、何となく分ったような気がするものもないでもないが、日本人には、禁止の意味がさっぱりというのも多い。

はげわし、とび、からす、ふくろう、こうもり……。

こんなのは法が禁止（同右　第22章　13〜19）しなくても食べたい気は起らないだろう。

有名なのは、次の規制である。

〈地上の動物《どうぶつ》のなかで、食べてよいものは次《つぎ》のものである。獣のうち、ひづめの割《わ》れたもの、ひづめが二つに切れているもの、はんすうする四つ足のものは、みな食べてよい〉。（「レビの書」第11章　2、3）

この規制によると、牛は食べてよいが豚はいけない。

水中の動物で食べてよいのは、翅《ひれ》と鱗《うろこ》のあるものにかぎる。

〈水の中にいる生き物《もの》のうち、次《つぎ》のものは食べてよい。海でも川でも、水の中に住《す》んでいて、ひれと、うろこのあるものは、みな食べてよい。しかし、海や川の中に住《す》んでいても、ひれと、うろこのないもの、水の中ではいまわっている小動物《しょうどうぶつ》は、いとわしい不浄《ふじょう》のものと思え〉。（「レビの書」第11章　9、10）

この規制の理由は、日本人にはピンとこないだろう。

この規制によると、烏賊《いか》、蛸《たこ》、貝類、蝦《えび》、蝦蛄《しゃこ》など、みんな食べられなくなる。寿司屋さんは大恐慌を起すだろう。

何で、このようなものを食べてはならないのか。

その理由は、法が、これらを食べることを禁止しているからである。

そして、〈**法は、神が自由に立《つ》る。神の自由な意志決定による**〉。

この命題を、くれぐれも銘記されたい。

神の意志決定は自由である。人間の規範、是非善悪、正・不正などに左右されることは少しもない。

人間の規範、倫理、道徳などが神の意志決定に影響を及ぼすなどと考えるのは、このうえなき瀆神である。

これが、予定（説）の根底となる論理である。

神の意志決定は自由であるから、誰を救済し、誰を救済しないか。その予定（選択）も自由。何ものにも拘束されない。

当人の善行（悪行《あくぎょう》）、修行、さとり、能力、人柄、人格、地位……。一切合切、少しも関係ない。神の予定（選択）に影響を及ぼすことはあり得ないのである。

と、はっきり言い切れば、必ず質問があろう。

この論理だと、悪人が救われ善人が救われないこともあり得るではないか、と。

答。まさに、そのとおり。右のようなことも十分にあり得る。悪人善人などということは、神の予定（選択）に関係しないのだから、右のようなことが起きても起きなくても、いずれも当然。

だからといって、神は不正であるなどと論ずることは、まったくのナンセンスであると、ここまで縷々《るる》説明してきた。

これは、パウロの「ローマ人への手紙」の主題でもあるので、ちょっと、スケッチしておこうか。

だが人間よ、神《かみ》に口答えするあなたは何者《なにもの》か。造《つく》られた者《もの》が造《つく》ったものに向《む》かって、「どうしてあなたはこのように造《つく》ったのか」と言《い》えようか。つぼ造《つく》りは同じ土くれをもって、尊《とうと》いことに用いる器《うつわ》と卑《いや》しいことに用いる器《うつわ》を造《つく》る権利《けんり》をもっているではないか。（「ローマ人への手紙」第9章　20、21）

内村鑑三は、パウロの言葉を換言していう。

神がある人を貴《たっと》き器（救済する人―筆者）として造《つく》り他の人を卑《いや》しき器《うつわ》（救済しない人―筆者）として造《つく》りたればとて、吾人あわれむべき人間はこれに対して何とも言うことはできません。吾人は「神はかくなしたまえり。その他を知らず」と言うのみであります。（『キリスト教問答』　187、188頁）

内村鑑三は、予定（説）をここまで理解しているのだから、これを結論として、ここで止めておけばよかったのである。

予定（説）の主旨は、これで伝わっている。

それなのに何故か。

これほどまでに好き勝手に、「救済される人」と「救済されざる人」とを予定するなんて「神は不公平である」との日本人の気持に答えようとした。

この努力は蛇足。蛇足というよりも、実は、ベラボーな瀆神。

ということの意味が、内村鑑三ほどの人物でも、本当には分ってはいなかったらしい。

こんなことでは、予定（説）の本質的理解にはほど遠い。

救済される人、されない人

マックス・ヴェーバーの筆を借りて、予定説の徹底的解説をしておきたい。

ヴェーバーが、予定説の分析のために、まず、引用しているのは、一六四七年の「ウェストミンスター信仰告白」（Westminster confession）である。

この文献は、ヴェーバー自身「独立派やバプティストの信仰告白は、この信仰告白の単なる繰り返しにすぎない」と言っているほどの「権威ある典拠」である。

第三章（神の永遠の決断について）第三項　神はこの栄光を顕わさんとして、みずからの決断によりある人々……を永遠の生命に予定し（predestinated）、他の人々を永遠の死滅に予定し給うた（foreordained）。（ヴェーバー『プロテスタンティズムの倫理と資本主義の精神』大塚訳　146頁）

これぞ、予定説宣言。

神は、右のごとくに人間を選び分けた。予定した（選択した）のであった。

では、この予定（選択）は、いつ、行なわれたのか。

天地創造より前に。

すでに予定（選択）はなされてしまっていたのであった。

救済される人（永遠の生命に予定した人）と救済されざる人（永遠の死滅に予定した人）との選択は、天地創造より前に、すでになされていたのであった。

　第五項　神は人類のうち永遠の生命に予定された人々を、世界の礎の据えられぬうちに、みずからの意志の見ゆべからざる企図と専断にもとづいて、キリストにあって永遠の栄光に選び給うた。（同右　146頁）

しからば神は、救済される人を、いかなる規準に基づいて選んだのか。神に選ばれるための条件は何か。

まったく〈**無条件**〉である。

神は、自由に救済される人びとを選んだ。

これはすべて神の自由な恩恵と愛によるものであって、決して信仰あるいは善き行為、あるいはそのいずれかにおける堅忍、あるいはその他被造物における如何なることがらであれ、その予見を条件あるいは理由としてこれを為し給うのではなく、かえってすべて彼の栄光にみちた恩恵の讃美たらしめんがためである。（同右　１４６頁）

被造物におけるいかなる条件も、神による選びに関係ない。
神の自由な恩恵と愛によって選ばれる。
選ばれなかった人びとはどうなる。

聖意のままに恵みをあたえ、あるいは拒み給う測るべからざる意志にしたがい、人類の残余の人々を看過し、彼らをその罪の故に恥と怒りとに定め……。（同右　１４６頁）
神は生命に予定された人々、しかも彼らのみを、みずから定めかつ善しとし給うた時期に、みずからの言と霊をもって有効に召命することを喜び給う。……こうして神は彼らの頑固な心をとりさって柔順な心をあたえ、また彼らの意志を新たにして、その全能の力によりこれを善きことへと定め給う。（同右　１４７頁）

予定説の神髄

あっ、これでわかった。ここが予定説のエッセンス。要諦《ようたい》。神髄。

善きことをするから神が予定する（救済すると選びたもう＝永遠の生命に予定する）のではない。

神が予定した人だから、この人は善きことをするのである。

予定しなかった人は。

> 神は彼らに恩恵を拒み、（中略）その頽廃が罪の機会を作るにいたるべき事物に近づけ、それによって彼らをみずからの欲望と世の誘いとサタンの力とに委ね給う。（同右　147頁）

悪しきことをするから神が予定しない（救済すると選びたまわらない＝永遠の死滅に予定したもう）のではない。

神が予定しない人だから、この人は悪しきことをするのである。

右のように、善行（悪行）と救済（救済されない）ということの因果関係が逆になっていることに注意。

この意味で、予定説は、逆因果律である。予定説《プリディスティネーション》（predestination）は目的論《テレオロジー》

(teleology) であるから、当然といえば当然だが。

神は全能であるから、当然、この論理しか考えられない。

神の予定は、必ず、実現される。

では、予定説は、ひとの宗教体験に、いかなるかたちで現われてくるのであろうか。

ヴェーバーは、偉大な祈りの人のうちでも最も能動的で情熱的な人びとのばあいについて述べている。


　宗教的な救いの感情は、すべてが一つの客観的な力の働きにもとづくものであって、いささかも自己の価値によるものではない、という確固とした感覚に結びついて現われている。(同右　151頁)

救われているとの感情は、当人の努力なんかとは関係なく、突如として、あらわれてくる。

これが、キリスト教的「偉大な祈りの人」における宗教体験の特徴。


　すなわち、罪の感情の怖ろしい苦悶がとりさられたのち、喜びにあふれた信頼の力づよい情感が、一見まったく突如として彼らの上にのぞみ………。(同右　151頁)

救いの宗教感情は、当人の力とは関係ない。

そこが、予定説。

それは、神の「測るべからざる決断」のあらわれ。

……そうしたかつてない恩恵の賜物が何らか彼ら自身の協力によるものとか、彼ら自身の信仰や意志の業績あるいは性質に関連をもつなどと考えることをいささかも許さなくなるのだ。（同右　151頁）

ルッターも彼の宗教的天才が最高潮にあり、あの『キリスト者の自由』を書くことのできた当時には、神の「測るべからざる決断」こそ自分が恩恵の状態に到達しえた絶対唯一の測りがたい根源だ、とはっきりと意識していた。（同右　151頁）

が、その後、実質的に、転向した。転向はさておいて、ここに、神の「測るべからざる決断」とは何か。

ヴェーバーは、註《ちゅう》している。

「神は少数者を救い給うほど慈しみふかき方であるが、また、その望むところに従ってわれらを滅亡に追いやるほど義であり給うと信ずるのは、もっとも高き段階での信仰である」。――『奴隷意志論』De servo arbitrio の有名な個所でこう述べている。（同右　155頁、註〈2〉）

ルッターはこれを、「もっとも高き段階での信仰である」という。が、この思想をさらに徹底させると次の思想にゆきつく。

　キリストが死に給うたのもただ選ばれた者だけのためであり、彼らのために神は永遠の昔からキリストの贖罪《しょくざい》の死を定めてい給うたのだからだ。（同右　157頁）

　これは、椅子からころげ落ちて気絶したくらいでは足りないキリスト教理解ではないか。

　世の常識と、まっ向から対立する。

　敬虔《けいけん》なクリスチャンは、みんな、どうしようもないほどキリスト教を誤解していることになるではないか。

　イエス・キリストは、十字架上の死によって、全人類を神に対する罪の状態からあがなった。

　これこそ、キリスト教の根本的教義であると、みんな、信じ込んでいる。

　ところが何と、キリスト教思想を徹底させてゆくと、実は、そうではなかった。

キリストのあがない

　キリストの贖罪の死は、ただ選ばれた者（永遠の生命を予定された者）だけのためである。全人類のためではない。すなわち、キリストの死によって罪の状態から脱出できたのは、右の「選ばれた者」だけである。「選ばれた者」以外の者は、依然《いぜん》として神に対する罪の状態にあり、恩恵《グレイス》が与えられて救済されることはない（永遠の死滅が予定されている）。

まことに、「恐るべき神の決断」ではないか。

この「恐るべき神の決断」は、（欧米のクリスチャンに対してすら）あまりにも異様にひびく。

何とか理解させようと、ヴェーバーは、註において説明を追加している。

「神は人類を贖《あがな》うためにその子を遣わし給うたと人々はいう。」（同右　161頁　註〈3〉）

いかにもみんな、そう信じきっている。

が、実はこれ、とんでもない間違い。

イエス・キリストの真意はそこにはなかった。神がひとり息子をつかわしたもうたのは、全人類の罪を贖うためではなかったのであった。そうではなくて実は、予定された者（選ばれた者）だけの罪を贖うためであった。

「――けれども、それは神の意図ではなかった。神はただ少数の人々を堕落から救うことを欲し給うたにすぎない。………そして、私は君たちに言う、神は選ばれた者のためにのみ死に給うたのだ、と。」（Rogge, Wytenbogaert, Ⅱ ,p9収載の、一六〇九年にブルック（Broek）でおこなわれた説教）（同右　161頁）

予定（選び）の思想は、パウロにおいて明白に表明されていることはさきに述べたとおり。

卒爾《そつじ》に（軽々しく）パウロを読む者は、あるいは看過するかもしれない。が、本気になってパウロを読めば、これ、紛《まが》うべきなき予定説である。

「ローマ人への手紙」は、

使徒《しと》として召《め》され、神《かみ》の福音《ふくいん》を告《つ》げるために選《えら》び分けられた、イエズス・キリストの奴隷《どれい》パウロより、

と書き出されている。

パウロは使徒《アポスル》である。パウロを使徒として選んだのはイエス・キリスト（神）であり、パウロが自らの意志決定によって使徒になったのではない。志願して神が許可したもうたというのですらない。

選び（予定）は、まったく、一方的である。

それどころではない。

神がエレミアを預言者として選んだときである。神は彼を母の胎内につくるより前に預言者として予定していたではないか。エレミア自身が、私は預言者なんかになりたくありませんといくら拒否しても無駄であった。

主《しゅ》のみことばは、アミタイの子ヨナに下った、「立って、大きな町ニネベに行き、彼《かれ》らの悪《わる》い行いが私のもとにまで上ったと、そこで彼《かれ》らに告《つ》げよ。」しかし、ヨナは、主《しゅ》から遠く離《はな》れてタルシスに逃《のが》れようとして発《ち》ちヨッペに下った。そこには、タルシスに行く船があった。彼《かれ》は、船賃《ふなちん》を払《はら》って、人々とともに、主《しゅ》から離《はな》れて、タルシスに行こうとして船に乗《の》っ

た。（「ヨナの書」第1章　1〜3）

二度《ど》、主《しゅ》のみことばがヨナに下った、「立って、大きな町ニネベに行き、私のいうことを告《つ》げよ」。

ヨナは、主《しゅ》のみことばに従《したが》い、ニネベにいこうとして発《た》った。ニネベは大きな町で、横切《よこぎ》るには三日歩かねばならなかった。（「ヨナの書」第3章　1〜3）

これぞ、クリスチャン。

キリスト者になるということ

キリスト教徒になるのは、神がキリスト教徒として選んだからである。自らの意志で信仰に入るのではない。

内村鑑三も告白しているではないか。

私は神の摂理《せつり》に余儀《よぎ》なくせられて、むりやりにキリスト信者となさしめられた者であります。（内村『キリスト教問答』180頁）

と。

内村のような代表的クリスチャンが「むりやりにキリスト信者となさしめられた」とは、奇異に感ずる人も多いにちがいない。

しかし、これぞまことのクリスチャン。

神による選び（予定）こそ、キリスト教を貫く根本思想であるからである。

内村は言う。


ヨハネ伝《でん》の十五章の十六節に、キリストがその弟子《でし》たちに告《つ》げて、「なんじら、われを選ばず、われ、なんじらを選べり」と言われましたのは、選択であってまた予定であります。（同右　174頁）

すすんで、内村は断言する。

選択は聖書全体の精神であります。そうして選択の意義をその推理的《すいりてき》結論にまで持ち運んだ者は使徒《しと》パウロであります。（同右　175頁）

まさに、そのとおり。

ここまでの内村は正しい。また、予定（選択）の精神を体感しているとも言える。

しかも、内村は、予定説の論理を理解してはいない。

この人にしてかくのごとし。実に、予定説の論理は、日本人による理解の彼方《かなた》にありというべきか。

このことを、パウロにより、ヴェーバーの分析と比較することによって見てゆきたい。

パウロは、「創世の書」（創世記）を引いて、左のように論じている。

アブラハムの子イサクは、レベッカをめとった。レベッカはみごもったが胎内の双子は激しくぶっつかりあっていた。レベッカは苦しんで神におうかがいを立てた。

神はおおせられた。

「おまえの胎内《たいない》には、
二つの民《たみ》がいる。
おまえから出る二つの民《たみ》は、
離《はな》れ去《さ》る。
一方の民《たみ》は他《た》の民《たみ》よりも強く、
兄《あに》は、弟に仕《つか》えるだろう」。

（「創世の書」第25章　23）


レベッカは、兄エザウと弟ヤコブとを生んだ。エザウはアラブ人の先祖となり、ヤコブはイスラエル人の先祖となった。

ヤコブはカナンの地に住んでイスラエル人の主となった。ヤコブはイスラエルと改名した（同右　第35章　10）。

エザウは、荒れた地に住んだ。

「兄《あに》は、弟に仕《つか》えるだろう」との神の予定は実現された。

右の「創世の書」の記述を引照してパウロは言う。これぞ、神の予定（選択）である。

　私たちの先祖《せんぞ》イサクという一人の男によって子をはらんだレベッカの場合もある。その子らがまだ生まれず、善《ぜん》も悪《あく》も行わぬ先に、神《かみ》のみ旨《むね》の自由《じゆう》な選択《せんたく》を表明《ひょうめい》するために、――その選択《せんたく》は人の業《わざ》によるのではなく、召《め》す者《もの》のみ旨《むね》による――、レベッカに「兄《あに》は弟に仕《つか》えるであろう」と仰《おお》せられた。（「ローマ人への手紙」第9章　10～12）

まだ「善も悪も行わぬ先に」神の予定（選択）は下ったのであった。

ここが話の急所。

神はレベッカにむかって「兄《あに》は弟に仕《つか》えるだろう」と仰《おお》せられたのである。

これこそ、神の予定――召す者のみ旨と、パウロは言っている。

ヤコブもエザウも、まだ母の胎内にいてまだ何の行為もしていない。善悪ともに。

しかも、神は、ヤコブをイスラエルの民の首長として予定した（選んだ）のである。

かく予定した（選んだ）理由は。

かくのごとく、神が意志決定したからである。

神の意志決定は自由である。

だから、予定した理由としては、神の意志決定以外のいかなる理由も必要ではない。

また、神の意志決定は、善悪、正・不正と関係ない。

「私はヤコブを愛《あい》しエザウを憎《にく》んだ」と書き記されているとおりである。（「ローマ人への手紙」第9章　13）

書き記されているところは「マラキアの書」第1章　2、3である。

パウロの解

さて、パウロは借問《しゃもん》する。そんな選択をする神さまは不公平であるか（神《かみ》には不義《ふぎ》あるか）と。いや、とんでもない（決《けっ》して然《しか》らず）。

それでは何と言《い》おうか。神《かみ》に不正《ふせい》があるのだろうか。けっしてそうではない。（「ローマ人への手紙」第9章　14）

神さまは不公平か（神には不義あるか）？

パウロは、言下に否定する。

では、否定する理由は。

何だと思います。

ここが、予定説理解の最大関門。

内村鑑三は、「天然《てんねん》もまた不公平」だとか、「神に予定された人は大なる不幸者」だとかの理由を持ち出して神を弁護しようとする。

かくのごとき弁護法は、日本人のフィーリングをなだめるかもしれないが、まったくナンセンス。

正解は、すでに与えられている。

主《しゅ》はお答えになった、「私は、おまえの前に、神《かみ》の威光《いこう》を通らせ、主《しゅ》という私の名を、おまえの前にのべるだろう。私は、ゆるそうと思う者《もの》をゆるし、あわれもうとする者《もの》をあわれむ」。（「脱出の書」第33章　19）

神の予定（選択）は、人間の規範を、はるかに越えている。善悪、正・不正などと関係ないのである。

不公平（不義）なんかではあり得ない。またかりに不公平（不義）だとしても、そんなこと、神にとってはどうでもいいのである。

内村鑑三は、「救済《すくい》は道徳以上である」（内村　前掲書　176頁）というところまでは理解している。しかし、彼の理解はそこで止まって、それより一歩も先には進まない。

「救済《すくい》（選び、予定）は道徳以上」なのではない。「救済《すくい》は道徳とは関係ない」のである。

ここが予定説の急所。

こうして選《えら》びは望《のぞ》む者《もの》や走る者《もの》によらず、神《かみ》のあわれみによる。(「ローマ人への手紙」第9章 16)

人間が、意志や努力によって道徳を実践したとて無意味。救済《すくい》(選び、予定)とは、全然、関係ない。

ヴェーバーも、カルヴァン派の根本教義について論じ、

けだし、すべての被造物は越ゆべからざる深淵によって神から隔てられており、(中略)人間の功績あるいは罪過がこの運命の決定にあずかると考えるのは、永遠の昔から定まっている神の絶対に自由な決意を人間の干渉によって動かしうると見なすことで、あり得べからざる思想なのだ。(ヴェーバー『プロテスタンティズムの倫理と資本主義の精神』 153頁)

神の予定は、天地創造より前に決定されており、人間がどんなよいこと(わるいこと)をしてもしなくても、絶対に動かせない。

これを人間が動かし得るなどと考えることは、あり得べからざる思想である。

かくほどまでに勝手きわまる絶対的恣意《しい》を不義だとか不公平だとか評することは論外である。

地上の「正義」という尺度をもって神の至高の導きを推し量ろうとすることは無意味であ

るとともに、神の至上性を侵すことになる。（同右　１５３頁）

由是観之《これによりてこれをみるに》、内村鑑三は、神の至上性を侵し、無意味な議論を展開していることは明白であろう。なにしろ彼は、「公平・不公平」などという地上の尺度をもって神の予定を論じているのだからこれは論外。

内村はたしかに、「人の救《すく》わるるのは彼の業績《ぎょうせき》によるにあらずして、まったく神の聖意《みこころ》のまま出《い》づる恵《めぐ》みによる」（内村、前掲書　１７６頁）と述べているのだから、予定説理解の一歩手前まで行ってはいた。

が、最後の一歩がどうしても踏み出せなかった。

芥川龍之介と丸山真男とは、一歩の差がときに、千里の懸隔を生ずることを強調する。丸山真男は、さらに、このことを把握することこそ、社会現象分析の鍵であると説く。

内村鑑三は、予定説理解へむけての最後の一歩を踏み出せなかったために、予定説理解から千里も遠ざかってしまった。

人の救わるるのは、「業績にあらずして神意にあり」というところまで行きついたのならば、なぜ百尺竿頭一歩を進めて、だから「救いは道徳と関係ない」とまで至らなかったのであろうか。

客が、「かくも、ある者を救《すく》ってある者を救《すく》わざる神ははなはだ偏頗《へんぱ》なる神でありまして、かかる神を公平の神、公義《こうぎ》の神と称《しょう》することはできない」と問うた（内村、前掲書、１８６頁）とき、内村は一喝して、かかる質問はまったくナンセンスであると答えなかったのだろう。

公平、公義などという地上の「正義」の尺度をもって神を推し量ることは、神の至上性を侵す瀆神だと答えなかったのだろう。

そうは答えなくて、内村鑑三は、まず、「ごもっともなるご質問であります」なんて答えている（同右　186頁）。

何が、「ごもっとも」な質問だ。これほど「無意味」な質問はないというのに。

なお、内村は、「予定は神にとっての不公平なる所為《しょい》であるとの疑問は、今の人によって初めて唱《とな》えられたものではありません。これは予定説が初めて世《よ》に出た時に、その時にただちに提出《ていしゅつ》された疑問であります」（同右　186頁）とし、一方においては、「神はかくなしたまえり。その他を知らず」と言いながら、他方においては、「天然《てんねん》も不公平なり」だとか、「キリスト信徒《しんと》は予定によって、キリストとともに栄《さか》えに入るの特権のみならず、またキリストとともに十字架《じゅうじか》に上《あ》げられるの苦痛《くつう》を授けられた者であります」（同右　187・188頁）などと言って、何とか「神は不公平なり」の疑問に答えようとしている。

正解は、かかる問いはそもそも無意味だ、というにある。

しかるに、内村鑑三は、何とかして「神は公正なり」と言いたくてウズウズしているとしか取れない。

ヴェーバーのように「神が、そして神のみが自由、別言すれば、どんな規範にも服さない」（ヴェーバー、前掲書　153頁）とまで言い切れないでいる。

ここまで言い切らないことには、予定説の論理は徹底され得ない。

したがって、「人々のうちの小部分だけが救いの至福に召されている」＝「人間の一部が救われ、残余のものは永遠に滅亡の状態に止まる」というカルヴァンにとって疑問の余地のない事実——（同右　152〜153頁より）は、左に示すパウロの命題の系《コロラリー》である。

神《かみ》は望《のぞ》みの者《もの》にあわれみを垂《た》れ、望《のぞ》みの者《もの》をかたくなにされる。（「ローマ人への手紙」第9章　18）

たしかに、この世には、善人も存在し、悪人も存在する。

しかし、「神は善人を救済したまい、悪人を救済したまわず」というぐあいに予定説の論理が組み立てられているのではない。予定説の論理構成の指向《オリエンテーション》（orientation）は、まさに逆方向である。

神は自由に、救済する者と救済しない者とに人類を選別する（予定する）。

この予定（選別）は、天地創造の前になされ、人力をもってしては絶対に変更できない。

神意によって、救済すると予定された者は神のあわれみによって善人となり、救済せずと予定された者は神に反抗せしめられて悪人となる。

第5章

キリストによる恩恵

予定説なくしてキリスト教なし

さて、以上、予定説について詳しく説明した。

日本人が予定説を理解することは、いかに困難をきわめるか。絶望的か。内村鑑三の例をあげて説明した。

日本における代表的クリスチャンを一人あげよ。

と問われたら、ほとんどの日本人は、内村鑑三を挙げるであろう。

真摯《しんし》なる求道《ぐどう》と、深い思索と、玲瓏《れいろう》たる人格とで彼を尊敬する人びとはすこぶる多い。

その内村鑑三にして、予定説の論理を理解するまでには至ってはいない。

斯《こ》の人《ひと》にして而《しか》も斯《こ》の失《しつ》有《あ》る也《や》。

たしかに、内村鑑三は、予定説の感触を正しく体感はしている。現在の大多数のキリスト教徒とはちがって、彼自身予定説を信じている。そして、贖罪《しょくざい》、復活《ふっかつ》とならんで、予定説はキリスト教の根本的教義の一つであると断言している。ということは、予定説なくしてキリスト教はあり得ないと主張しているのである。

その内村鑑三にしてなお予定説の論理を理解し得ない。

その理由は、彼が代表的日本人の一人であるからであろう。彼の仏教、儒教についての素養は深く広い。彼の無意識の底に蟠踞《ばんきょ》せる仏教と儒教とが、予定説の侵襲《しんしゅう》を峻拒《しゅんきょ》したのであろう。

このことはすでに強調したが、いくたび強調しても強調しすぎることはない。

日本人が予定説を理解することは、かくほどまでも絶望的である。

日本人だけではない。欧米人が予定説を理解することもやはり困難である。

予定説は、キリスト教の根本教義であるから、キリスト教徒であるかぎり、これを教義から抹殺《まっさつ》することはできない。が、実際の宗教活動においては、いつのまにか抜け落ちてしまう。

パウロは、キリスト教の代表的使徒である。ユダヤ教におけるモーセのごとし。日本式に表現すれば、元祖開山。それゆえ、パウロの手紙は、キリスト教徒にとっては、キリスト教の根本経典（イスラム教徒は、それらをキリスト教の根本経典だとは認めていないが）である。なかでも圧巻が「ローマ人への手紙」。

すでに繰り返し指摘したように、パウロは、そこで予定説を明言している。キリスト教徒で、これを読まない者がいるわけがない。しかし、これを理解する者はすくない。心、焉《ここ》にあらざれば、視《み》れども見えず（『大学』章句）、か。

あるいは、ゲルマン的人間性、ヘレニズムの残滓《ざんし》が、あまりにも異質的な予定説の受容をうけつけないのか。

繰り返して言う。

予定説は、キリスト教の根本的教義である。予定説なくしてキリスト教なし。

カトリック教会も、キリスト教の一種である以上、予定説を根本的教義にしている。

カトリック教会は、教義上、善行や功徳や修行によって救済されることを否定している。（ペラギウス異端の拒否）。神の恩恵なくして善行をすることはできない、としている。

これぞ、まことの予定説。

教義上は予定説だが、カトリック教会は全欧の精神界を支配する巨大組織であるから、社会的宗教活動においては、予定説に固執しているわけにはゆかなくなってきた。

カトリック教会は、イエス・キリストの後継者ペテロの樹《た》つるところであり、歴代の法王《ザ・ポープ》(the Pope) は、ペテロの後継者であるということにした。だから、法王は神の代理人。こう解釈して、カトリック教会はキリストの遺産の相続ができると主張しだした。

キリストの遺産とは、十字架上の贖《つぐな》いの死である。これに加えて諸聖徒たちも善行をつみあげてきた。これらの贖いを、カトリック教会は、救済財として備蓄している。

カトリック教会は救済財を分け与えることによってひとを救済することができる。

こう考える。

キリストによって定められた恩恵の手段、恩恵を受ける方法が秘蹟《サクラメント》(sacrament 洗礼、堅信、聖体、婚姻、告解・悔悛《かいしゅん》、叙階・品級、終油の七秘蹟) である。恩恵は秘蹟によって獲得されると考える。

秘蹟という儀礼 (一種の呪術) によって恩恵が得られると考えることによって、カトリックは社会的宗教活動において、予定説から遠ざかって行った。

このことに関するかぎり、ルッター派も、似たような経過を辿《たど》った。

ルッターも、彼の宗教的天才が絶頂にある頃には、まぎれもなく、予定説を信じていた。が、その後、だんだんと日和《ひよ》って行った。この間の事情を、ヴェーバーは、次のように説明している。

その後もルッターは、形の上では、この思想を捨てていない。――しかし、それはもはや中心的な位置を占めるものではなくなったばかりでなく、彼が責任ある教会政治家としてしだいに「現実政治的」となるにしたがって、ますます背後に退いていった。（ヴェーバー、『プロテスタンティズムの倫理と資本主義の精神』　151～152頁）

ルッター自身はかくのごとし。ルッター派は。

またルッター派の教父たちにとっては恩恵は喪失可能（amissibilis）であり、悔い改めによる謙遜と信仰による神の言への信頼と聖礼典とによって新たに獲得されうるということは、教義上疑問のないことだった。（同右　152頁）

なに、聖礼典なんていう儀礼（呪術）によって恩恵が獲得できるんだって。
これでは、本質的にカトリック教会と同じではないか。
予定説から遠いことおびただしい。

ここに、「聖礼典」とは、サクラメント（sacrament）。英語のサクラメントを、カトリックでは秘蹟《せいさん》、プロテスタントでは聖礼典と訳す。秘蹟は前記の七儀礼から成るが、聖礼典は、洗礼と聖饗の二つだけ。

このように、予定説は、欧米のクリスチャンにとっても、俗耳に入り難いというか、俗心は受け難いというか。教義の中心に据えられていても、いつのまにか、社会的宗教活動の表面からは消え去ってゆく。

カルヴァン派とその他の禁欲的プロテスタンティズムだけが例外であった。

予定説を、教義だけでなく宗教活動の中心に据え通し、これを標榜《ひょうぼう》し続けたのであった。

まことに、予定説(選びの教説)こそ、キリスト教の論理であり、根本的教説である。

予定説なくしてキリスト教なし。

このことを、本稿は、いくたびとなく強調した。いくたび強調したとて、強調しすぎることはない。決して!

義人はいない

あまりにも重要なことなので、論旨をここにまとめておきたい。

パウロは言《い》う。

人間は罪人である、と。すべての人間は罪人であって例外はない。

これはキリスト教の人間観である。かかるキリスト教の人間観——キリスト教においては、人間とはかかる者だと観《み》ているという認識——の存在についての異議はない。クリスチャンであってもなくても。かかる人間観に、賛成であっても反対であっても。

「義《ぎ》人はいない、一人もいない。悟《さと》る者《もの》もいない、神《かみ》を求《もと》める者《もの》もいない。みな道《みち》を迷《まよ》って、

みな腐《くさ》り果《は》てた。善《ぜん》を行《おこな》う者《もの》はいない、一人もいない」。（「ローマ人への手紙」第3章　10〜12）

である。

「義人なし、一人だになし、善をなす者なし、一人だになし」という偈《げ》にまとめられて有名で
人間はすべて罪人であるから、もし、行為によって人間が救われるとすれば、救われる人間なんか、一人もいないことになる。義《ただ》しい人が救われるとすれば、救われる人は、一人もいない。

では、救われる人は、一人もいないのか。

いや、いる。

誰か。

神の予定した《プリディターミンド》（選んだ）人びとである。

神は、予定した人びとを救済し、義《よ》きことをなさしめたもう。

また予定《よてい》された人々を召《め》し出し、召《め》し出した人々を義《ぎ》とし、義《ぎ》とした人々に光栄《こうえい》を与《あた》えられた。（「ローマ人への手紙」第8章　30）

と論じてくると、必ず、疑問が出てくるだろう。

これによると、義人はいることになるではないか。「ローマ人への手紙」第3章10の「義人

はいない、一人もいない」と矛盾しないか。

いや、矛盾しているところが弁証法的でよろしい。宗教とは、もともと言語道断《ごんごどうだん》（奥深い真理は言葉の説明する道が断たれる。『瓔珞経《ようらくきょう》』）なものさ。日本教ならそれでいいかもしれないが経典宗教ではそうはゆかない。

経典の中の言葉は絶対である。宗教のすべては、経典の言葉からスタートする。経典の言葉が矛盾していては困るのだ。何とかして矛盾を解消しておかないと先へ進めない。

結論を先取りしておくと、やはり、矛盾しない。

「第3章10」における「義人」とは、法（神がモーセに与えたいわゆる律法、法律そのもの）を守る人のことをいう。

義《ただ》しいか義《ただ》しくないかは、法（律法）にてらしてきめられる。

法は、神が与えたもうた（神の命令、神との契約）。

法もまた、神の自由な意志決定によって創造された。したがって、義・不義もまた、神が創造したものである。

神が自由に創造したものだから、神は自由にまた創造することができる（再創造、契約の更改）。


ところが今、律法《りっぽう》なしに神《かみ》の正義《せいぎ》が現《あらわ》れた。これを証明《しょうめい》するのは律法《りっぽう》と預言者《よげんしゃ》である。イエズス・キリストへの信仰《しんこう》による神《かみ》の正義《せいぎ》は、信《しん》じるすべての人に与《あた》えられ、それには差《さ》別《べつ》がない。（「ローマ人への手紙」第3章　21、22）

いかにして義とされるか。

イエス・キリストを信ずることによって。

イエス・キリストを信ずることによって、義《ただ》しいとされる。

その人の行為ではない。行為は、しょせんどうでもいいのである。「どうでもいい」どころではない。行為に関するかぎり、義《ただ》しい人は一人もいない。

しかし、行為が義しくない（法にてらして）人でも、イエス・キリストを信ずることによって義《ただ》しい人（神と正しい関係にある人）になれる。そして救済される。

という福音《グッド・ニュース》（the Gospel）を伝えるものが、すなわち、福音書《ふくいん》（Matthew《マタイ》, Mark《マルコ》, Luke《ルカ》, John《ヨハネ》の四書）である。

イエス・キリストを信じさえすればよい。なんて言うと、なあんだ、と感ずる人もいるかもしれない。

行為なんかどうでもいい。

なんていうと、えっ何だってと思う人もいるだろう。あの神父さん（牧師さん）は、とくに私の行為に目くじら立てて小煩《こうるさ》かったナア、なんて思い出したりして。

それにしても、すぐ質問が出てくることだろう。「イエス・キリストを信ずる」という命題（文章）は、「神を求める者もいない」という「ローマ人への手紙」第3章10の命題に抵触《ていしょく》しないか。神を求めないで、何で、神（イエス・キリスト）を信ずるのか。

いい質問です。

ここにもまた、予定説理解の関門がある。

神を信じるということ

「神を信ずる」のは、人間が神を求めて信ずる（ようになる）のではない。神が人間を求めて信ぜしめるのである。

これが、キリスト教における信仰。

内村鑑三は、まことのキリスト信者である。

もし私の生涯《しょうがい》が私の計画したとおりのものでありましたならば、私はけっしてキリスト教信者とはなりませんでした。（内村『キリスト教問答』180頁）

その彼が、何故キリスト教信者となったのか。

内村鑑三は、神に強制されてキリスト信者となり、さらにまた、神に強制されて、キリスト教を伝道するようになる。これが、予定。

ことに福音《ふくいん》の宣伝者《せんでんしゃ》となりしがごときにいたっては、これ私の幾度か拒《こば》んで避《さ》けんと欲したことでありまして、私は何者になりてもヤソ教の伝道師《でんどうし》にはなるまじと、幾度か決心した者であります。（同右　180頁）

それなのに、こと志とちがって、内村鑑三は、日本第一の伝導師に成り果てた。日本のクリスチャンで、入信の動機として内村の導きを挙げる者の、いかに多いことか。

なお、ここにおいては、「神」と「イエス・キリスト」とは、同義《エクイヴァレント》(equivalent）に用いられる。

すなわち、「キリストは本当の神性を持ち、まさに神自身と全く同質である」（アタナシウス）というニケア信条（三二五年）の上に立つ。

また、ニケア信条を確認・発展したカルケドン信条（四五一年）「キリストは真に神であり、真に人である。

神性によれば父なる神と同質で、人性によればわれら人間と同質」であることを前提とする。

「ニケア信条」「カルケドン信条」は、比較宗教社会学的とくに比較教義学的に、決定的な意味をもつ。

キリスト教とユダヤ教

しかし今キリスト・イエズスによるあがないによって、神《かみ》の恩寵《おんちょう》により無償《むしょう》で義《ぎ》とされる。（「ローマ人への手紙」第3章　24）

ここに、「無償」とは、〈**無条件**〉という意味である。つまり、何をし、何をしなくても。

（律）法を守っても守らなくても。

神は、自由に恩恵《グレイス》を与え義とする。そして救済する。

救済は〈**無条件**〉なのである。

これが、神の予定。

ここが、キリスト教がユダヤ教と決定的にちがう点。

ユダヤ教における救済の論理は因果律《コーザリティ》である。予定説《プリディスティネーション》ではない。

旧約によれば、神は無条件でイスラエルの民を救済するのではない。

法を守った場合、またその場合にかぎって神はイスラエルの民を救済する。

救済の論理構造は、「よいことをすれば天国に入れる」「よいことをすればよい報いがある」というのと同じことであって、因果律である。

というと、必ず、質問があろう。

神が預言者を選ぶときの論理は、予定説ではないか。例えば、エレミアなんか、母の胎内で作られるより前に、預言者として神に予定されていたではないか。

すばらしい質問です。

この質問が出てくることは、難解至極な本稿を、ここまでしっかり読み抜いてきて下さったからです。著者として、感謝に堪《た》えません。

さて答。繰り返すが、ユダヤ教は、仏教、キリスト教、イスラム教とはちがって、個人救済の宗教ではない。儒教のごとき集団救済の宗教である。

ユダヤ教における救済とは、病気治しなどをして直接に個人を幸せにすることではない。個人（の魂）を天国に入れてやることでもない。奇蹟によってイスラエルの民（ユダヤ人）を危機から脱せしめてやることである。

宗教の単位は、個人ではなくイスラエル民族（ユダヤ人）全体である。

たしかに、個人においては予定説の論理は作動している。顕著な例が、預言者を立てることである。エレミアの例を想起されたし。エレミアだけではなく、すべての預言者は、神の予定によって選ばれる。志願して預言者になった者は一例もない。

預言者は〈**無条件**〉で予定される（選ばれる）。行為、修行、知識・学問、人格、人種、家柄、地位、権利……一切合切、まったく関係ない。

しかし、ユダヤ教の宗教単位たるイスラエル民族（全体）に対しては、予定説の論理は作動しない。作動しているのは、因果律の論理である。

神は、〈**無条件でイスラエルの民を救済するのではない**〉。法を守るという条件がついている。（律）法（神の命令、神との契約）を守らなければ、イスラエルの民は鏖《みなごろし》にされる。

キリスト教の宗教単位は個人である。キリスト教における救済とは、個人に恩恵を下して永遠の生命を得せしめることをいう。

〈**この恩恵が、無条件で与えられる**〉。

ここまでは、カルヴァン（派）であってもなくても異議はあるまい。

右の「神の恩恵」は、すべての人に与えられるのか。一部の人にだけか。

パウロは言う。

ご自分のみ子を惜《お》しまずに私たちすべてのためにわたされたお方が、み子とともに他《た》のすべてを下さらないはずがあろうか。（「ローマ人への手紙」第8章　32）

卒爾《そつじ》にこの文を読めば、神の恩恵は、人類のすべてに与えられる。こう取れるかもしれないが、どういたしまして。「私たちすべて」とは言っても、それは、「パウロの手紙の宛先《あてさき》人すべて」という意味である。もちろん。

では、パウロの手紙の宛先人は誰か。すべてのローマ人か。

そうではない。ローマにおけるキリスト教信者が手紙の宛先人である。

手紙の冒頭にパウロは明記している。

神《かみ》に愛《あい》され、聖徳《せいとく》に召《め》された、ローマにいるすべての人に、私たちの父《ちち》なる神《かみ》と主《しゅ》イエズス・キリストからの恩寵《おんちょう》と平和《へいわ》があるように。（「ローマ人への手紙」第1章　7）

ここの「召す」とは、英語だとcallフランス語ではappelerである。ドイツ語では、ずっと意味が明確でberufen（例、ルッター訳。rufenでないことに注意）。berufenとは、ドイツ語では「神の国に命じ召し入れる」という意味である。

パウロの手紙の宛先は、神がすでに召命によってキリスト教徒になった者にかぎられる。

かかる人びとには、神は無条件で恩恵を与えたまう。

では、それ以外の人びとは。

パウロは何も言っていない。

カルヴァンは、論理的に思索をつきつめて、それ以外の人びとには、神は無条件に恩恵を与えたまわらず、永遠の死滅あるのみ、とした。

第6章

日本における「法の不在」

日本人とユダヤ人

日本人とユダヤ人だけが、神からのぞみの土地をたまわった。日本人は「神勅」によって。ユダヤ人は、神と太祖アブラハムとの契約によって。

ただし、根本的なちがいがある。

神は、日本人に対しては、無条件で、のぞみの地を与えた。

ユダヤ人に対しては、「法（神の命令、神との契約）を守る」という条件がつけられている。イスラエルの民は、この条件をみたすかぎり、約束の地カナンを享有することができる。

しかし、もし、この条件をみたさなければ、神は、イスラエルの民を鏖《みなごろし》にしたもうであろう。ソドムのごとく、ゴモラのごとく。

では、イスラエルの民は、法を守る民であろうか。

とんでもない。

神がいくたび奇蹟によって危機から救いたもうても、イスラエルの民は、神を信じようとはしない。法を破る。神の命令にそむく。

繰り返すが、これ旧約聖書の主テーマである。

ゆえに、イスラエルの民は、本来ならば、鏖にされてしかるべきである。

ユダヤ人は、本来ならば鏖にされるべきところを、不思議に生命ながらえて、流浪《るろう》の民となった。これ、ディアスポーラ（the Diaspora ――バビロン捕囚後のユダヤ人民族離散）の神学的理由である。フロイト・ユンク的に解釈すれば、無意識の願望の実現か。

ディアスポーラ以後だけではない。ディアスポーラより前でも、イスラエルの民は、神が約束したもうたカナンの地に住んだり、出て行ったり、また帰ってきたり。

カナンの地へのヴェクトルの向きを変えたりもどしたりしてピストン運動を繰り返す。

これに対し、日本人は、約束の地葦原《あしはら》の瑞穂《みずほ》の国に、天壌《あめつち》とともに窮無《きわまりな》く住みついたきりで、一度も去ることはない。

何故か。

著者が答える。

ユダヤ教の論理が因果律《コーザリティ》であるのに対し、神勅の論理は予定説《プリディスティネーション》であるからである。

ユダヤ人が条件つきでカナンの地を与えられたのに対し、日本人は無条件で瑞穂の国（日本）の地を与えられた。

このちがいこそ、決定的《ディサイスィヴ》である。

ゆえに、日本人は、何をしてもしなくても、瑞穂の国に永住できる。

これに対し、ユダヤ人は、神の法を守らなければ、カナンの地を追い立てられる。辺境の地で、選民は賤民となる。

しまったあ、と悔い改め、今度こそは固く法を守りますと「古代ユダヤ教」を編成したり。

その最新版《ザ・ラースト・ヴァージョン》が、ホロコースト（ヒトラーによる大虐殺）後の、一九四八年のイスラエル国建国である。

イスラエル国民が、カナンの地を守るために、勇戦敢闘していることは、ご存じのとおり。

でも、イスラエル国が永続できるかどうか。カナンの地を守りきれるかどうか。またもやディアスポーラの流浪の旅に出るかどうか。今もって分らない。パレスチナ問題の深刻さ一つだけでも思い起してもみよ。

他方、日本人が日本本土から追い出されることは、「日本沈没」でも起らないかぎり、将来もないだろう。

人口においてイスラエル人に数十倍するアラブ人のほとんどが、イスラエル人のカナンからの追放を叫んでいる（その表現は千差万別であるにしても）のに比し、日本人を日本の国土から追放せよと主張している者はいない。少なくとも、著者は、寡聞《かぶん》にして知らない。

依拠する論理が、予定説であるか因果律であるかによって、正反対になる。

予定説であるか因果律であるか、のほかにも、決定的なちがいがある。

決定的なちがいの一つが戒律の有無。

「戒律」とは普通、仏教徒を悪行から防ぐために釈迦が定めた規則である、と理解されている。

しかし、木村泰賢博士は、「戒律」は誤って訳されているという。

中国訳においては、元来、「戒律」とひっくるめて用いるべきではない。「戒」とは、さとりを得るための修行ルール。「律」とは、出家集団たる僧伽《さんが》の中の人間関係を律するルール。

元来、右のような意味ではある。が、本稿においては、当該宗教固有のルールという意味において用いる。このように使えば、仏教以外の宗教に関しても、「戒律」を論ずることができる。

しかし、戒律と法律（すすんでは、社会規範）との関係となると、宗教によって異なる。

ユダヤ教とイスラム教においては、宗教の戒律と世俗の法（法律）とは同一である。社会規範も同一である。

第一法源は、ユダヤ教においては、モーセ五書《トーラー》、イスラム教においては、コーラン。

第二法源は、ユダヤ教においてはタルムード（教義。法学者の口伝、解説）、イスラム教においてはスンナ（聖行。預言者マホメットの言行《げんこう》と承認）……。

仏教においては、仏教のルールたる戒律と世俗の法律とは全然ちがう。出家集団たる僧伽《さんが》の中には、世俗の法律は侵入してこない（ことになっている）。僧伽には、独自のルールが支配している。この点、ユダヤ教、イスラム教とはちがう。

キリスト教には、戒律はない。法（律）もない。あれをせよ、これをするなとは、福音書には一言も書いてないからである。

なんて言い切ると、びっくりする人がいるにちがいない。

かの山上の垂訓《すいくん》なんかはどうなんですか、と。

答。イエス・キリストは、たしかに、ああせよ、こうするなとは言ってはいる。これらみんな、人間の内面《コーヴァート》（covert）における心の問題であって、外面的《オーヴァート》（overt）な行動に関するルールではない。だから、法源にはなり得ない。

例えば、

何を食べ、何を飲《の》み、何を着《き》ようかと心配《しんぱい》するな。（「マテオによる福音書」［マタイ伝］第６章　31）

なんて命じても、これ、心の持ちかた。

また、イエス・キリストは、

出された女をめとる人も姦通することになる。（同右　第5章　32）

出された女とは離婚した女のこと。これは、モーセの十戒の一つである「姦淫をしてはならない」というのと意味がちがう。

これは十戒の七番目の戒である（「脱出の書」第20章　14）。が、十戒は、いわば偈《げ》であって、これだけでは、具体的内容は特定されない。

「父と母を敬《うやま》え」（同右　12）と命ぜられたとしても、いったい、いかなることをすれば、「父と母とを敬ったことになるのか。いかなることをしなければ（すれば）この命令に違反したことになるのか。

そこのところが特定されていないことには、法源（法律の根拠）にはなり得ない。

神は、十戒を唱えっぱなしではない。トーラーの後の部分で、しだいに、細目を補ってゆく。

例えば、『レビ記』第18章は、性的規制にくわしい。

トーラーの後の部分でも細目がはっきりしない部分は、タルムードが補う。

福音書は、この構成をとっていない。

福音書の後の部分で、結婚、離婚の定義が下されているわけではない。結婚とはいかなることであるか、離婚とはいかなることであるか特定されてはいない。

福音書には、註疏書《ちゅうそ》はない。

いや、本来、あり得ない。イエス・キリストは、人間の内面のみを問題として外面的行動を問題にしてはいないので、外面的行動の細目についての註疏書は作りようがないのである。

ゆえに、福音書は、トーラーやコーランとはちがって、法源とはなり得ない。

このように、キリスト教は、元来、戒律も法（律）も持たなかった。

パウロの決断

キリスト教では、法律を守る人はいないと断ずる。人間は、法律を守らないように出来ているんだと断ずる。すでに引用しているが、

「義人《ぎじん》はいない、一人もいない。……みな道を迷《まよ》って、みな腐《くさ》り果《は》てた。善《ぜん》を行う者《もの》はいない、一人もいない」。（「ローマ人への手紙」第3章　10〜12）

法律を守る人間なんか一人もいない。すべての人間は法律を守らない。

これが、パウロの命題である。キリスト教の根本ドグマである。

そうすれば、結論は明白ではないか。救済してもらえる人間は一人もいない。

当然、こうなる他はないではないか。

この点、ユダヤ教ともイスラム教とも、根本的にちがう。

キリスト教独特の、おそるべき結論。

ユダヤ教もイスラム教も、法律を守ることは、人間の力を以ってしては不可能であるとは思っていない。

それであればこそ法律学が発達した。

キリスト教に法律はない。

新約聖書。たしかに、契約を更改したのだが、新契約の内容はゼロ。まるで、白紙の証文みたい。白紙の法典みたい。

新約聖書は、何ごとも命令せず、何ごとも禁止していない。

正確にいうと、キリスト教には、罪も不義も不正もないことになる。

いかなる実数にゼロを掛けてもゼロになり、ゼロ以外の数値にはなり得ないがごとく。罪刑法定主義下で白紙の刑法典が、何人《なんぴと》をも罰することができないように。

正もなければ不正もない。正でないこともなければ、不正でないこともない。また、「正もなければ不正でないこともない」ということもない。

でも、この種の論理。ギリシャ人は好まない。ギリシャ人とインド人は、哲学者としては最高であるという意味においては、世界の双璧である。が、その哲学は、対極的にちがっている。

ゼロは、インドで発見された。ギリシャ数学——古代においては驚歎するほどすぐれたものではあったが——にはゼロの概念はなかった。いわんや、ギリシャ哲学に、空《くう》の概念はない。

パウロは、ローマ帝国の市民。ローマ帝国は、文化的にいうと、ギリシャの後継者。このことは、ローマ帝国の公用語がギリシャ語であったことだけ見ても、一目瞭然たるものがあろう。

パウロの教養は、ギリシャ的。インド的ではない。空《くう》やゼロの概念はない。

パウロは、新約聖書だけでなく、旧約聖書をもまた、キリスト教の聖書として採用した。

このパウロの決断によって、キリスト教は世界宗教として発展し得た（ヴェーバー『古代ユダヤ教』序）。

何故、旧約聖書をもキリスト教の聖書として保存したことが、それほどまで重要か。

新約聖書は、全く法律をもたないからである。その萌芽《ほうが》すらない。これでは、教会にルールを与え、キリスト教徒に日常倫理を与えることは覚束《おぼつか》ない。神秘教団ならこれでもいいかもしれない。が、こんなことでは、大宗教への発展はのぞむべくもあるまい。

キリスト教は、ユダヤ人の聖書＝旧約聖書をも聖書として受けついだ。しかし、そのまま全部をストレートに受け入れたのではなかった。ユダヤの法律を、そのまま、キリスト教の法律にしたわけではなかった。

イエスの判例変更による

モーセの法律における命令を、イエスは、如何《いか》に解釈しているのか。

例えば、「姦淫するな」とは、いかなる意味か。

イエスは、モーセの法律のこの命令に言及しつついう。

だが私は言《い》う、色情《しきじょう》をもって女を見れば、その人はもう心の中で姦通《かんつう》している。（「マテオによる福音書」第5章 28）

有名な句である。この句は、革命的重要性をもっている。

モーセの法律において「女と姦淫する」とは、禁じられている条件下で彼女と性交をするという意味である。

すなわち、人間の外面的行動である。モーセの法律は、性交という外面的行動としての姦淫を禁止しているのである。

これに対し、イエスの場合にはどうか。心の中での姦淫を論じている。

ここにおいて、法律（規範、倫理、道徳をも含む）の場《ば》は、人間の内面的行動たる心の中に移し変えられた。

行為規範から心情規範への大転換である。

カントのコペルニクス的大転換の先蹤《せんしょう》をなす大転換ではないか。

いや、思想史的意味は、比較を絶して大きい。この大転換によって、キリスト教は世界的大宗教たり得た。

さて、イエスは、姦淫という罪を、いかに罰したか。

これもまた有名な話だが、分析の便宜のために、左に掲げておく。

法律学者とファリサイの人びとが、姦淫（姦通）の現行犯として逮捕された女を連れてきて人びとの前に立たせて、イエスに言った。

「先生、この女は姦通《かんつう》の最中《さいちゅう》につかまった者《もの》です。モーゼはこういう者《もの》を石殺《いしごろ》しにせよと律法《りっぽう》で命《めい》じていますが、あなたはどう思いますか」。（「ヨハネによる福音書」第8章　4、5）

いかにも、モーセは法律の中で、姦通した女は石で打ち殺せと命じている。イエスをジレンマにおとし入れようとする意図がアリアリではないか。
イエスは言った。

「あなたたちの中で罪《つみ》のない人がまずこの女に石を投《な》げよ」（同右　第8章　7）

これを聞いた人びとはどうした。

老人《ろうじん》をはじめ一人一人去《さ》っていき、（同右　第8章　9）

誰ひとりとして、刑を執行する者がいなかったのである。
ユダヤ教においては、死刑執行は、石打ちによって行なわれる。役人が執行するのではなく、民衆が自主的に執行する。裁判への民衆参加は陪審《ばいしん》制だが、これは死刑執行への民衆参加。ユダヤ教、イスラム教において、民衆は、喜び勇んで死刑執行に参加する。民衆娯楽の一つになっている。それまで、死刑執行者の資格が問われたことなんかなかった。

イエスは、まさに、その資格を問うたのである。

これ、判例変更である。

法律を変えるには、二つの方法がある。一つの方法は、条文の変更である。もう一つの方法は、判例変更である。

イエス・キリストは、モーセの法律の条文は、一点一画も変更していない。しかし、「判例変更」をしてしまったのであった。キリスト教において、イエス・キリストが最高の裁判官であることは、言うまでもない。

姦通の現行犯で逮捕された女が有罪であることは明白である。「姦淫するな」というモーセの法律に違反したのだから。しかも、その罪に該当する石打ちの刑は執行されなかった。

「罪なき者にかぎって刑の執行ができる」というイエスの新判決が下されたからである。この新判例ができるまでは、罪のあるなしにかかわらず誰でも刑の執行ができたのに、この新判例以後は、そうではなくなった。

これで、パウロの大命題は証明せられた。この世に罪のない人はいない。一人もいない。

パウロのように定式化はされていないとはいえ、姦淫女の話は、イエスの立場を明確に物語っている。

この物語は、もうひとつ、きわめて重要な結論を下す。

罪を犯した人も処刑されない。

これはまことに、気が遠くなるほど重大な結論ではないのか。

罪と刑とは対応する。

人間の外面的行動に主軸をおくかぎり、どうしてもこうなる。

それゆえ、啓典宗教たるユダヤ教もイスラム教も、根本的経典（トーラー、コーラン）およびそれらの補助経典（タルムード、スンナ以下）において、必ず、罪と刑とを対応せしめている。

ところが、キリスト教にかぎって、これがないのだ。

ない、ない。全くない。

ということは、一体全体、何を意味する。

罪は、外面的行動によって論ずべからず。

どうしても、こうなるではないか。

これぞ、まさに、主《しゅ》イエス・キリストが、彼の最も忠実なる奴隷《しもべ》聖《セント》パウロに与えたまいし指針である。

イエス・キリストの使徒パウロは、この指針にしたがって突進する。そして、宗教的にいえば、まさに「信ずべからざる」境地に達する。驚天動地なんていったくらいではまだ足りない。摩訶不思議《まかふしぎ》というか何というか。これは、何ともかんとも。

神と法律との切断

キリスト教は、旧約聖書にあるモーセの法律（神の命令。戒律、社会規範を含む）を踏襲《とうしゅう》した。しかも、モーセの法律の条文は、片言隻語《へんげんせきご》変更を加えず、「判例変更」の手法によって法律の解釈を変えたのであった。

条文を変えなくても判例（解釈）が変われば法律は変わる。


ところが今、律法《りっぽう》なしに神《かみ》の正義《せいぎ》が現《あらわ》れた。（「ローマ人への手紙」第3章 21）

これぞ、キリスト革命。パウロ革命。

この解釈変更によって、キリスト教は、他の経典宗教（ユダヤ教、イスラム教）と截然《せつぜん》と異なった宗教になった。

経典宗教においては、正しいとは法律を守ること。

正しくないとは、法律を守らないこと。

これにつきる。これにつきていた。

「正しい」とは法律との関係によって決められていた。

それを何か、キリスト教にかぎって、法律とは無関係に、「正しい」ことが決められるようになったのである。もちろん、ここに「正しい」とは、神が正しいとすること。神と人間とが正しい関係を結ぶことである。

キリスト教にかぎり、神と法律とを切断した。

神が与えた法律を飛びこえて、直接、神と正しい関係を結ぶ方法、神によって正しいとみとめられる方法を発見したのであった。

神と法律との切断。

これによって、キリスト教とその他の経典宗教（ユダヤ教、イスラム教）とは、絶壁によって隔てられることになった。

一歩の差が千里の差を生むとはこのことだ。いや、「神と法律との切断」が、致命的重要さを持つことは、神学的には当然かもしれないが。

しからば、法律とは無関係に、神に正しいとされる方法は何か。

イエス・キリストを信ずることによって、である。

　イエズス・キリストへの信仰《しんこう》による神《かみ》の正義《せいぎ》は、信《しん》じるすべての人に与《あた》えられ、それには差別《さべつ》がない。（「ローマ人への手紙」第3章　22）

イエス・キリストを信じさえすれば、法律を守らなくても、神は、正しい人であるとする。

こう言っているのである。驚天動地の宣言ではないか。

右の命題（文章）を書き直すと、「正しくない人も、イエス・キリストを信ずれば正しい人になれる」。

より端的に言うと、キリスト教においては、外面的行動における正しさと、内面的行動における正しさとを、訣然《けつぜん》と区別するのである。

この特徴あればこそ、キリスト教は、苛酷な弾圧にもかかわらず生きのび得た。やがて、ローマ帝国の国教となり得た。ローマ帝国滅亡にもかかわらず、ゲルマンの野蛮人の中で生きのび、宗教的に彼らを征服してしまうことが出来たのであった。

教会法

では、キリスト教会はどうした。

カトリック教会は、ローマ法を手本にして、教会の内部を律する教会法を作ったのであった。中世西ヨーロッパ社会は、聖なるカトリック教会と外なる俗社会とに二分されていた。俗社会の法は、ゲルマン人の習慣に基づくゲルマン法であった。聖なるカトリック教会といえども、その教会法は、福音書を第一法源とするキリスト教法ではない。教会法《イクリーズィアスティック・ロー》(ecclesiastic law)といえども、それは、本質的には、ローマ法であった。ゲルマン法がキリスト教法でないことはいうまでもない。

この点、ユダヤ教、イスラム教とはちがう。

キリスト教においては、宗教の教えと、法律、社会規範とは、それぞれ、ちがうものである。

こんなことは、日本人にとっては、むしろ、あたりまえのことであるかもしれない。

しかし、右に論じてきたことから明らかなように、世界の宗教的状況からすると、むしろ、奇異なことなのである。

さて、さきに論じた、キリスト教における「結婚」「離婚」の特定化であるが、福音書も新約聖書の他の部分も、それを行なってはいない。

カトリック教会は、結婚を秘蹟《サクラメント》の一種として特定化した。そして、この秘蹟を、カトリック教会が、きまった儀礼によって独占的に行なうことにした。ということは、カトリック教会が、かくのごとく行なわなければ、仮に当人どうしが「結婚」したつもりでも、それは結婚したとは看做《みな》されないのである。

これが、ほんの一例であるが、カトリック教会は、本来のキリスト教にはない――あり得ない――法や戒律を発明した。

カトリック教会だけではない。カトリック以外のキリスト教諸派、プロテスタントの一部も、いろいろと法や戒律を発明した。

このように、キリスト教における戒律は、元来、本質的にイエス・キリストとは関係ない。

仏教とは、戒律である

仏教の戒律は、釈迦が定めたものである。少なくとも、かくのごとく看做《みな》されている。

仏教の論理は因果律である。ゆえに、さとりをひらくためには、それだけの原因を作らなければならない。では、いかにすれば、かかる原因を作れるか。そのためのルールが戒律である。

その中には、常識的なもの（例、俗人［在家者］のための五戒。殺すな、盗むな、邪淫《じゃいん》するな、妄語《もう》するな［とくに嘘《うそ》つくな］、酒のむな）もある。

が、出家者が守るべき戒律となると細目にわたり、専門に研究する必要があるほどである。

仏教徒は、僧（出家者）と俗人（在家者）とに類別される。

イスラム教に僧はないし、キリスト教にはあってもなくてもよい。

が、仏教では、仏・法・僧というくらいだから僧はないわけにはゆかない。

男の僧（出家者）を比丘《びく》といい、女の僧（出家者）を比丘尼《びくに》という。比丘も比丘尼も、世俗から離れた宗教集団僧伽《さんが》を結んで、その中で修行する。

比丘が守るべき戒律は二百五十である。比丘尼が守るべき戒律はだいぶ多くて三百四十八ある（戒律の数については、いくつかの説がある）。

これらを具足戒という。

具足戒を守ることを誓うことを「具足戒を受ける」という。略して受具という。受戒ということもある。

受具（具足戒を受けること）によって、比丘もしくは比丘尼の資格を得る。

受具には、特定された手続きを要する。

具足戒を受けるときには、三人の師と、そのほか七人の証人が必要とされる。これを三師七証という。三師七証には、それぞれ、資格が要求されているから面倒。

三師七証出席のもとで、厳粛な儀式が行なわれる。彼ら十人のうち一人欠けても儀式は行なえない。

その後ではじめて、比丘もしくは比丘尼の資格が得られる。

比丘も比丘尼も、具足戒を守りますと誓った以上、具足戒を守らなければならない。

これらの具足戒は、衣食住をはじめ生活万端の細目を規制したものである。比丘も比丘尼も、具足戒を守る前に、まず、具足戒とは何か、このことについて精密に研究しなければならない。

具足戒およびその他の戒律を詳細に述べている教典を律蔵という。

律蔵は、経蔵（お経を集めたもの）、論蔵（主な学者の論文を集めたもの）とともに三蔵という。

これだけみても、仏教がいかに戒律を重んずるか。明白であろう。

仏教において、戒律は、その本質である。

キリスト教における「戒」は、実は、修道院の戒（キリストの教えとは関係なく、修道院が勝手に決めたルール）であって、キリスト教の本質とは関係ない。

そのうえにである。たとえばインドと中国とでは、気候風土がちがう。生活様式もちがう。階層構成もちがう。

インドでなら、裸体無一物で暮せても、中国でそんな生活をしたら、下手すると凍死しかねない。

さらに重大なことは価値観の相違である。

例えば、家族を棄てて出家する行為は、当人にとってどれほど辛《つら》くても、インドの規範では許される。が、儒教規範からすると、これほどの大罪はない。

家族道徳を根本規範《グルント・ノルム》（Grund Norm）とする儒教では、家族を棄てることは、根本規範の蹂《じゅう》躪《りん》を意味する。

この理由で、韓退之（韓愈）などは、仏教を激しく攻撃した。

階層意識のちがいも、無視できない。

インドでなら、野に伏し、托鉢《たくはつ》する裸体の聖者をも人びとは尊敬する。王も大富豪も彼の前に拝跪《はいき》する。

中国では、こうはゆかない。

中国人は、かかることをする人びとを賤民として取り扱うであろう。したがって、かかる人びとの言に、耳を貸そうとはしない。布教なんか、出来っこないのである。

かくほどまでも、何もかもちがう中国の人が、インドで成立した生活規制たる戒律を細密な部分に至るまで理解しうるか。

中国人の戒律研究が至難の業《わざ》であるのは当然であろう。

しかも、熱烈な仏教徒は、戒律を理解することを渇望する。

法顕《ほっけん》が、戒律の完全理解を志し、六十歳をすぎて単身、天に飛鳥なく地に走獣なきタクラマカン大沙漠《さばく》を越えてインドに往来した（三九九～四一三）のは史上、有名である。

義浄は、生命の危険を冒して渡海してインドへ行き、戒律に関する文献と詳細な知識とを中国へ持ち帰った（六七一～六九五）。

中国の仏教徒は、これほどまで、戒律を重んずる。

中国の仏教徒だけではない。いやしくも仏教徒である以上、戒律を重んじない仏教徒なんかない。あるわけがない。新羅《しらぎ》・高麗《こうらい》・朝鮮でも、シルクロード諸国でもセイロン（スリランカ）やビルマ（ミャンマー）などの南の国ぐにでも……。みんな、戒律を重んじた。具足戒を受けない者を僧（比丘、比丘尼）とはみとめなかった。

唯一の例外。

それが日本。

伝教《でんぎょう》大師最澄《さいちょう》が、戒律を廃止してしまったからである。

日本仏教の「キリスト教化」

最澄は、比丘の守るべき戒律は、二百五十も必要ではないとした。重い戒律十と軽い戒律四十八と、合計五十八でよいとした。

これは、梵網経《ぼんもうきょう》に根拠をおくものであって、菩薩戒《ぼさつかい》という。

菩薩戒は、中国など日本以外の国ぐにでも行なわれてはいた。

とは言っても、菩薩戒は、菩薩としての心がまえとでもいうべきものであって、比丘たる者の条件ではない。中国はじめ諸外国では、このように受け止めていた。菩薩戒をもって具足戒に替《か》えるなんて、考えてみた者さえいなかった。いるはずがない。

その、外国の仏教徒なら、考えてもみないことを、伝教大師最澄は断行したのであった。

最澄は、具足戒の二百五十戒を、菩薩戒の十重戒、四十八軽戒に替えてしまった。

さらに革命的であるのは、受戒の儀式の徹底的簡素化である。

前述したように具足戒を受けるためには三師七証が必要である。

最澄は、具足戒の三師七証の十人に替えて受戒の証人を、釈迦《しゃか》、文殊《もんじゅ》、弥勒《みろく》の一仏二菩薩すなわち三師証とした。

人間としては、一人の伝戒師さえおれば十分であるとした。そのうえ、一人の伝戒師さえも得られない場合には、仏像の前で自誓受戒してもよろしいということにした。

自誓受戒してよろしい。

このことがもつ、致命的重大さは、強調されすぎることはない。

受戒は、外面的儀式によらず、内面的信仰による。

このことにより、仏教の原点は、人間の外面的行為《オーヴァート・ビヘイビアー》から、人間の内面的《コーヴァート》な信仰へと引き込まれた。

日本仏教（すすんでは、それを中核とする日本教）は、「キリスト教化」へむけて、決定的《デイサイスイヴ》な一歩を踏み出したのであった。

仏教における戒律は、「このうえなきさとり」をひらいて涅槃《ねはん》に入る（これが、仏教における救済《サルヴェーション》）ための方法であることを思い出して頂きたい。

自誓受戒でもよろしいということは、「受戒」から儀式を実質的に追放したことである。

最澄が定めた、右の戒を円戒《えんかい》または円頓戒《えんどんかい》、大乗戒ともいう。（宇井伯寿《ういはくじゅ》『仏教汎論』岩波書店　1127～1129頁。山口益《すすむ》他著『仏教学序説』　平楽寺書店　255～259頁などを参照した）。

それにしても、仏教における戒律の重要さにかんがみて、天台における円戒の制定は、破天荒なことであった。

天台の円戒は、仏教的センスを逆撫《さかな》でするものであったから、当時の仏教の主流をなしていた奈良仏教のリーダーたちは、こぞって猛反対した。

最澄は、弘仁十年（八一九年）、比叡山において円戒を実施することを朝廷へ願い出たが、なかなか、勅許が下りなかった。

円戒実施の勅許は、最澄の死後にやっと下りた。

それにしても、天台の円戒に対する仏教徒の賛成、反対はともかく、これは、僧侶（比丘、比丘尼）の資格を与える条件である。

本来、僧伽《さんが》（比丘あるいは比丘尼の集団）は世俗外にあり、世俗の法や政治権力とは関係ない集団である。中国では、ときに政治権力が侵入することはある（例、三武一宗の法難）が、戒律の内容や受戒のルールにまで干渉することはない。それらは、あくまで、仏教集団に任せきっておく。

世俗権力たる朝廷の勅許によって受戒の方法が変更されるというのは、日本の特徴である。天台の円戒の導入によって日本仏教の性質は、ガラリと変わった。神学的にも、宗教社会学的にも。

具足戒における比丘の二百五十戒、比丘尼の三百四十八戒は、主として人間の外部的行為に関するルールである。

これに対して天台の円戒は、内面的な心に関するものである。

円戒または大乗戒の第一を摂律儀戒《しょうりつぎかい》といい、第二を摂善法戒《しょうぜんほうかい》といい、第三を摂衆生戒《しょうしゅじょうかい》という。

これについて、宇井博士は「第二摂善法戒と第三摂衆生戒は殆《ほとん》ど戒の性質を具備して居ない」（宇井、前掲書　1127～1128頁）と言う。

そりゃあ、そうだろう。第二摂善法戒は、その内容たるや要するに、仏陀のあらゆる教法を大切にせよ、というにつきる。

第三摂衆生戒は、六度《ろくど》すなわち仏に成るために菩薩が修する六つの行、布施、持戒、忍辱《にんにく》、精進、禅定、智慧の六つである。いずれも抽象的なだけで、内容が特定されてはいない。いずれも、「戒律」としての性質を具備してはいない。

では、第一の摂律儀戒であるが、これは如何《いかん》。その主内容は十重戒であるが、これについて、宇井博士は「十重戒も……凡《すべ》て心性に約するのであって実相の理を十重に分ったものに外ならぬ」（同右　1128頁）「戒は全く精神的に解釈せられ、本来自性清浄心が十種の方面に現われる時、十重禁戒となるに外ならぬと解釈せられるのである」（同右　1128頁）と言う。

このように、天台円戒の本質は、精神的なものにある。

戒律とは、本来、外面的行為に関する具体的な規制である。だから、天台円戒は、具足戒とはちがって、戒律としての性質をそなえてはいないと言える。

もっと重大なことは、円戒を破ったときの制裁《サンクション》（Sanction）にある。

制裁こそ、戒の要《かなめ》であると言われる。

制裁に関しては、円戒は、頗《すこぶ》る甘い、と言わざるを得ない。

具足戒を受けた比丘が四波羅夷罪《はらい》（最も重い罪）を犯せば、僧伽《さんが》から追放され、復帰は不可能である。懺悔《ざんげ》しても何をしてもダメ。もういちど具足戒を受け直すことは許されない。

天台の円戒を受けた者ならばどうか。

重罪を犯しても、懺悔してもういちど受戒すれば、比丘に復帰することができる。

これでは、破門（追放）は、実質的に、ないにひとしい。

円戒においては、自誓受戒も許していることを思い出して頂きたい。そのうえ、懺悔すればもういちど受戒できるというのであれば、極端な話、教団復帰は、これ、自由自在ではないか。

日本仏教の無戒律化

右に論じてきたように、伝教大師最澄は、日本の仏教から戒律を追放した。

伝教大師最澄の力（彼は、日本最初の大師である）と朝廷の支持とその後の発展によって、比叡山延暦寺《えんりゃくじ》は、総本山の総本山、日本仏教全体のウルトラ総本山の地位を占めるにいたった。

それゆえ、天台宗および天台宗から出てきた諸宗はいうまでもなく、それ以外の諸宗まで、実質的にほとんど戒律を廃止するようになった。

インド、西域はもとより、中国や朝鮮の仏教徒が知ったら腰を抜かして目をまわすような事態が日本に発生した。

もちろん、外国の仏教においては、天台の円戒などを受戒だと認めはしない。

日本から、高麗、朝鮮、中国などに留学した僧（比丘）が、まず当惑することは、彼地では、彼らは、僧としてみとめてはもらえないことであった。

天台の円戒を受けて、立派に僧になりましたとうそぶいたって、これは通用しない。

日本以外の国では、天台の円戒を受けたって、受戒として通用していないんだから。

このようにして、伝教大師最澄は、日本仏教から、ほとんど戒律を消してしまった。日本仏教は無戒律に近いものとなった。

その後はどうか。

日本仏教の無戒律化は、進むばかりであった。

日蓮《にちれん》（一二二二〜一二八二）は、最澄が残したほんのわずかな戒律も、実質的になくしてしまった。日蓮教徒たるべき関門は受戒ではない。法華経の題目を唱えて一種の法悦の境地に入ることである。日蓮が建立を主張した本門戒壇は、具足戒壇とは、おそろしくかけはなれたものである。

法然《ほうねん》（一一三三〜一二一二）もまた、戒律を全廃した。法然によれば救済とは、浄土往生である。浄土往生のためには、ただ一心に念仏を唱えさえすればよい。修行も知識も一切必要としない。

これだけでも仏教としては、すでに革命的である。が、法然はすすんで、菩提心《ぼだいしん》を起すことさえ必要でないとまで言い切った。

ここまで行きついた法然にとって受戒が何の意味をもとう。

戒律に、最後の止《とどめ》を刺したのは親鸞《しんらん》（一一七三〜一二六二）である。

自ら僧にあらず俗にあらずと宣言した。あらゆる戒律を全廃して、肉食妻帯《にくじきさいたい》の生活をはじめた。

キリスト教とはちがって、戒律は仏教の本質的部分である。

戒律を全廃した仏教なんて、コーランもスンナ（マホメットの言行など）も棄ててしまったイスラム教みたいなものである。それは、もはや仏教ではないと言えよう。

「仏教」を仏教ではなくした正統性は何か。

聖徳《しょうとく》太子の許可である。

親鸞は、恵信尼と結婚したく思った。が、当時の彼は、れっきとした僧の身。天台の円戒を受けて比丘の資格を得ていた。最澄は、ほとんど戒律を廃止したが、まだ、肉食妻帯を許すところまでは行きついていない。親鸞の師法然の眼中にすでに戒律はなかったが、肉食妻帯まではしていなかった。

日本の仏教における戒律は瀕死《ひんし》ではあったが、まだ、余喘《よぜん》を保ってはいたのである。

恵信尼と結婚したいんだがどうしようかなあ。日蓮とはちがって、親鸞の人柄は戦闘的でなく温和である。革命的変革を好む質《たち》ではない。

輾転《てんてん》と反側《はんそく》してウトウトしていると夢に出て来た聖徳太子。

——わしが許すから恵信尼と結婚せよ。彼女は、観音《かんのん》さまの化身《けしん》なるぞ。

聖徳太子の許可が出たんだから、もう大丈夫と、親鸞は、安心して恵信尼との結婚にふみ切った。

結論も革命的だが、戒律廃止の正統性根拠は、さらに革命的。

聖徳太子は、まがうことなき俗人である。しかも、政治権力者である。いかなる戒も受けていなければ出家もしていない。在家の仏教信者にすぎない。

僧俗の峻別

仏教においては、僧俗の峻別《しゅんべつ》を重視する。この点、あらゆる信者を同列におき、僧（聖職者）の存在をみとめないイスラム教と対蹠《たいせき》的である。「ウラマー」（Ulamā）は僧ではありませんぞ。法律学者。まちがわないように。

僧（比丘、比丘尼）は、世俗から離れて生活する。僧の生活を規制するルールは、世俗の規範とは異なる。世俗とくに政治権力の干渉を受けない。極力これを排する。

これぞ、仏教の大原則である。

イスラム教が仏教国を征服したとき、多くの仏教寺院が破壊され、多くの僧が殺された。他の宗教に寛大なイスラム教（アレクサンドリアのキリスト教、コプト派を見よ。イスラム支配下の東方教会を見よ）が、と驚くかもしれない。仏教の寺院に対して右のような態度をとった理由は、ひとつには、仏教は経典宗教だとはみなされなかったからである。が、もうひとつの理由は、寺院側が戒律（とくに受戒）について、いかなる干渉をも拒否したからでもある。仏教は、戒律についての世俗とくに政治権力の干犯を、かくほどまでに嫌う。生命をすてても排する。

それはそうだろう。戒律は、救済される（さとりをひらく）ための条件なのである。宗教的レヴェルの低い俗人に勝手に変えられてはたまらない。そんなことをされたのでは、さとりなんかひらけっこない。

いくら「修行」に専念したって、あらゆる修行の結果が水泡に帰してしまうではないか。生命をすてても、俗人による戒律の変更には反対するはずだ。

仏教徒といっても、僧（出家者）と俗（在家者）とでは、宗教的レヴェルが格段にちがう。この点、いかなる信者にも宗教的差別をみとめないイスラム教とは根本的にちがう。

仏教の宗教的行動の中心は修行にある。

無常を痛感し、菩提心《ぼだい》（さとりを求める心）を起した人は、本来、直ちに出家して、修行に専念すべきなのである。

釈迦は、ことあるたびに、人に出家をすすめる。

が、家族をすてて、世もすてて、野に伏し山に伏し、乞食して修行に専念することの困難は想像を絶する。だから、すべての人を出家させるわけにもゆかない。

やむなく、在家の仏教信者もみとめる。

仏教の根本的考え方は、こんなぐあいに出来ている。

すべては、修行のレヴェルにある。

例えば菩薩。

たいがいの日本人は、仏と菩薩の区別がつかない。仏さまの一種だと思い込んでいる人が多い。

が、仏教では、仏と菩薩とでは、たいへん、ちがう。

仏になるために修行中の人のことを菩薩という。

代表的な菩薩が弥勒菩薩《みろくぼさつ》（マイトレイア）。現在、兜率天《とそつてん》で修行中。五十六億七千万年後にこの世に下降して釈迦の次期仏となる。

菩薩は、永いあいだ苦心して修行した結果、仏となる。弥勒菩薩が最高の菩薩だが、他の菩薩も平等であるわけではない。

菩薩には、修行の段階に応じて数十の階級がある。菩薩の社会は、階級社会である。しかも、きわめて重層化された階級社会である。

菩薩すら、修行のレヴェルに応じて差別あり。

いわんや、人間においておや。

人間における修行のレヴェルによる差別のうち、最大の差別が僧と俗との差別である。そして、こと宗教に関するかぎり、僧の俗に対する優越性は、天と地もただならぬほど大きい。もっとも、独覚（ひとりで勝手にさとりをひらいた人）ということもあり得るから、僧よりもすぐれた俗人ということはありうる（例、維摩居士《ヴィマルキルティ》）。が、僧全体、俗人全体の比較となると、宗教的レヴェルのちがいは、とうてい、同日の談ではあり得ない。

どうしても、こう考えないことには、それは仏教ではあり得ない。

だから、俗人が、仏教の生命たる戒律について、ああしろこうしろと容喙《ようかい》するなんて、仏教的思惟《しい》の限界をはるかに越えているのである。いわんや、戒律の改廃においておや。

戒律不在と法不在

この、仏教ではあり得ないことを、親鸞聖人はやらかしたのであった。

親鸞聖人は、俗人聖徳太子の許可によって、妻帯にふみ切った。すすんで、すべての戒律に、止《とど》めを刺したのであった。

このことによって、日本「仏教」は、実は、仏教ではなくなった。完全に、日本教の一宗派に成り果てた。

最澄に端を発した戒律廃止運動は、親鸞において完成を見たのであった。

このさい、戒律全廃運動における日蓮と法然の貢献も忘れてはならない。

他の何がなくとも、ただ一心に、「ナムミョウホウレンゲキョウ」と題目を唱えること、あるいは「ナムアミダブツ」と念仏を唱えることによって成仏できる（救済される）。

これらの思想によって、「戒律を守って修行することによって」「成仏する」という思想は、木端微塵《こっぱみじん》に吹っ飛んだ。

日蓮や法然もまた、日本以外の仏教国においては、あり得ぬ、いや考えることさえ出来ない存在である。

浄土真宗の極限は、ただ一心に念仏を唱えること。それだけにある、と言われる。まさにそのとおりだが、多くの日本人は、これが、パウロの「ただ信仰あるのみ」に似ているというのである。ま、「似ている」なんていう曖昧《あいまい》な表現ならともかく、「究極的には、仏教もキリスト教も同じですな」なんてまで言う人さえいる。

こうなると、とんでもない誤解である。

ま、「誤解した」ことを信じようが何を信じようが、信仰は当人の勝手。が、科学（ここでは、比較教義学）的に分析すると、まちがいなくこれは、大誤解。

では、少し、論理をつきつめてみようか。

浄土宗の太祖法然は、もっぱら念仏するだけが救済（浄土往生）の条件であるとした。ただ念仏あるのみ。

戒を守る必要はない。禅定《ぜんじょう》を修める必要もない。一切の戒律も修行も全廃したのである。いや、菩提心《ぼだいしん》を起す必要さえないと宣言したのであった。

仏教の論理からすれば、大革命と言っても足りまい。

日本仏教は、仏教以外の宗教に変身した。あたかも、パウロによって、キリスト教が変身したがごとくに。パウロ的キリスト教は、ユダヤ教から出て、もはや、ユダヤ教ではあり得ない。

それにしても、キリスト教と浄土宗・浄土真宗との比較。

日本教を理解するうえで、よい題材である。天皇イデオロギーを分析するうえで、よい補助線になる。

この比較研究を行なおう。

親鸞聖人は断言する。


親鸞《しんらん》におきては、たゞ念仏《ねんぶつ》して弥陀《みだ》にたすけられまひらすべしと、よきひとのおほせをかぶりて、信《しん》ずるほかに別《べつ》の子細《しさい》なきなり。（『歎異抄《たんにしょう》』第2章）

人口に膾炙《かいしゃ》した言葉で、一読、意味は明らかであろう。

ただ信ずる。弥陀《みだ》が助けて下さることを。ただ、南無阿弥陀仏《なむあみだぶつ》の名号《みょうごう》（念仏）をとなえつつ。

そうすれば救われる（往生できる）。

新約聖書を読んだことのある者ならば、口をついて出るであろう。

まるで、パウロだ。


イエズスは主《しゅ》であると言《い》い、心の中で神《かみ》がイエズスを死者《ししゃ》の中からよみがえらせたと信《しん》じるなら、あなたは救われる。（「ローマ人への手紙」第10章　9）

「南無阿弥陀仏」のかわりに、「南無イエス・キリスト」という名号をとなえ「イエス・キリストが救って下さると信ずれば」救われる。

なぜ救われるのか。神の恵みによってである。神が無償で与えたまいし恵みによってである（同右　第3章　24）。

と言えば、浄土宗の信者は頷《うなず》くであろう。

人間を救うことが神の本願なのだな、と。

そう解釈したくなるであろう。

人間の罪を消して救わずんばやまじ、というのが阿弥陀如来の本願である。このように如来は人間にむかって働きかけてくる。救いの業《わざ》を作動させてくるのである。決して、人間の方から、救われたいと努力するのではない。修行したり何かしたり、行動を起すのではない。決して。

救済は、如来の方からくる。一方的に。

なぜ、救済は、阿弥陀如来の方から一方的に来るのか。

今や人間は、あまりにも罪ふかくなりすぎて、いくら努力しても無駄であるからである。

末法の思想

何しろ末法《まっぽう》の世である。自力でさとりをひらける人間なんか一人もいない。

末法の思想とは何か。

これは、釈迦在世中を黄金時代とし、釈迦入滅（死亡）後、次第に人間はわるくなってゆくという思想である。一種の逆進化論。

釈迦入滅後、間もない時代を正法《しょうぼう》の時代という。正法の時代には、仏（釈迦）の教えは正しく存在し、人はこの教えにしたがって修行すれば証果を得る（さとりをひらける）。

正法の時代の次にくる時代を像法《ぞうぼう》の時代という。像法の時代には、仏の教えは存在し、これにしたがって修行する者もいるけれども、もはや証果を得る（さとりをひらく）ことができない時代である。

最後にくるのは末法の時代。人間は極度に悪化し闘争しきりに起り、仏法の滅亡する時代である。もはや、修行する者もいない。

末法の時代に突入したのであった。

お寺とは。仏法修行の場と思いきや、戦争の拠点となった。城塞《じょうさい》と化したのであった。

例えば、叡山《えいざん》、三井寺《みいでら》、興福寺など、日本の代表的寺院の僧侶は、すでに兵隊になってしまった。何しろ、「僧兵」なんていう言葉が、日用語として使われるようになったくらいなんだから。おなじみ弁慶も僧兵。僧侶は、修行や学問をやめて、腰に刀を帯び、手に薙刀《なぎなた》を持って、戦争の専門家になった。

「叡山焼き打ち」といって、お寺を焼くことは、信長の専売特許みたいに感じる人もいるかもしれないけど。

どういたしまして。

叡山をトップとする日本の大寺院は、ちっとも遠慮会釈《えしゃく》なく、たがいに焼き打ちごっこをやっていたのでありました。

「叡山の法灯」なんていうとたいへんえらそう。でも、こんなあんばいなんだから、これ、「叡山の砲塔」って書き直したほうがいいみたい。

そんな時代でした。

お寺の僧侶は、戦争の専門家。

それと同時に破戒の専門家にもなった。

ここで重要であるのは、親鸞の次の言である。

末法五濁の有情の　行証かなはぬ時なれば　釈迦の遺法ことごとく　龍宮に入りたまいき　（親鸞『正像末和讃』より）

末法の濁りきった世になってしまった。どんな行（修行）をしたとて、証（さとりをひらくこと）はかなわない。

釈迦が遺《のこ》したまいし法は、みんな龍宮へ行ってしまったんだから、どうしようもない。ありっこない。

「龍宮ニ入リ」とは、「この世にはもう無《な》い」という意味である。

今は末法である。もはや法はない。戒律もない。だから破戒ということはない。

親鸞は、さらに一歩つっこんで、人間性の限界をこう評価しつくす。

今や末法の世である。もはやさとることのできる人間なんか一人もいない。では、正法の時代にはさとることのできる人はいたのか。

それは、たしかにいたであろう。とくにすぐれた人は。が、底下《ていげ》の凡愚《ぼんぐ》は。一般のおろかな人びとは。

一般のおろかな人びとは、釈迦の教えが生きていて、修行すれば「このうえなきさとりをひらくことができる」正法の時代でも、これはどうしようもない。さとりをひらくなんて思いもよらない。

正法《しょうぼう》の時機とおもえども　底下《ていげ》の凡愚《ぼんぐ》となれる身は　清浄眞実《しょうじょうしんじつ》のこころなし　発《ほっ》
菩提心《ぼだいしん》いかんせん　（同右）

底下の凡愚は、菩提（さとりをひらくために戒律を守って修行しようとする心）を発しても無駄だ。

こう言い切っているのである。

鈍根無智の者は、清浄真実のこころがないから、とても、さとりをひらくにいたる修行はできない。

ここまで言い切っているのである。

では、底下の凡愚とは誰か。鈍根無智の者とは誰か。

親鸞聖人自身がそうだと言っているのである。

悲しい哉《かな》、愚禿親鸞《ぐとくしんらん》。愛欲の広海《こうかい》に沈没《ちんもつ》し、名利《みょうり》の太山《だいせん》に迷惑して定聚《じょうじゅ》の数に入ることを喜ばず、真証《しんしょう》の証《しょう》に近づくことを快《たの》しまざることを。恥ずべし、傷むべし。（『教行信証』より）

親鸞聖人自身、愛欲や名利にまどわされて、とても、さとりをひらくための修行に専念するどころではない。

ここまで、告白している。では、ほかの人は。他のどこかに、愛欲や名利にまどわされない人がいるか。いや、そんな人はいない。

世の中の他の人びとも同様。

親鸞聖人の言っていることを要約すると、畢竟《ひっきょう》、こういうことになる。

クリスチャンが、この件《くだり》を読んだならば、これこそパウロだと思うかもしれない。

内に住む罪

パウロは言っているではないか。

私は自分のしていることが分からない、私は自分の望《のぞ》むことをせず、むしろ自分の憎《にく》むことをするからである。（「ローマ人への手紙」第7章　15）

とはどういうことか。

善《ぜん》を望《のぞ》むことは私の内《うち》にあるが、それを行うことは私の内《うち》にないからである。私は自分の望《のぞ》む善《ぜん》をせず、むしろ望《のぞ》まぬ悪《あく》をしているのだから。（同右　第7章　18、19）

なぜ、やりたくもない悪を行なってしまうのであるか。

こうするのは私ではなく私の内《うち》に住《す》む罪《つみ》である。（同右　第7章　17）

まさにこれ、悲しい哉《かな》。

そして結論する。

私の内《うち》にすなわち私の肉《にく》に、善《ぜん》が住《す》んでいないことも知っている。（同右　第7章　18）

というわけで、人間は、いくら善いことをしようと、もがいてもあがいても、全く無駄である。

人間は、そのように駄目に出来ているのである。

では、人間が救済されることは絶望か。

しかり、人間が行為（外面的行動）によって救済されようとするならば。

しかし、絶望ではない。

救済は神のほうからくる。

一方的に。

浄土宗の信者ならば、人間を救うことこそ神の本願である。こう思いたくなったとしても不思議はない。

救済は、神の方から一方的に来るのであって、人間が行為によって神に働きかけるのではない。

断じてない。

このことは、特に重要だから、パウロは、何回でも繰り返す。例をあげて分りやすく説明をつけ加える。

イスラエル人の例である。

イスラエルは義《ぎ》の法《ほう》を求《もと》めて律法《りっぽう》に達《たっ》しえなかった。（「ローマ人への手紙」第9章　31）

旧約聖書を読む者は、イスラエルの頑民の行為に深い印象を受けるであろう。いつでもよくそこまで神の命令に背けるものである、と。

イスラエル人は、なぜ法律を守ることができなかったのか。

その理由について、パウロは断言する。

それはイスラエルが信仰《しんこう》によらず行いによって求《もと》めたからである。（同右　第9章　32）

浄土宗・浄土真宗は、ただ念仏を唱えろと教えるが、行きつくところは、やはり「信仰」である。

法然・親鸞も、究極的には、ここに到達する。

「行ない」なし、ただ「信仰」あるのみ。

法然上人は、なぜ、念仏往生を説くのか

仏の本願は念仏にあることを見たからである。

法蔵という比丘《びく》がいた。法蔵比丘は、念仏という本願を選択して、この本願を成就して阿弥陀仏となった。ゆえに、その本願に定められている念仏だけが、本願力にかなうものである。

他にどんなことをしてもしなくても、ただ念仏を唱えていれば、往生（浄土へ往生すること。これが浄土宗における救済である）できる。日常生活中にも十分に行なえるし、形式も方法も必要としない。

法然上人の信者に、武蔵国《むさしのくに》の御家人に甘糟《あまかす》太郎忠綱という武士がいた。勅命によって戦争へ行くことになった。

何しろ戦争である。敵を殺しまくらなければ臆病だとされて武士の名誉にかかわる。が、殺生は仏法が禁ずる大罪である。

いわんや、バッタバッタと殺しまくるとは。

良心的な人であったとみえ、悩みに悩んだ末、はてどうしたらいいでしょうと法然上人に相談してきた。

法然上人いわく。

行ないなんかどうでもよろしい。ただ念仏を唱えなさい。そうすれば、不思議なことに往生できるんです。

浄土真宗とキリスト教

浄土宗・浄土真宗も、「ただ信のみ」。キリスト教も「ただ信のみ」に行きついた。

ああやっぱりと、あるいは満足なさる方も多いのでは。

では、キリスト教の真理も、浄土宗・浄土真宗の真理も、究極的には同じか。

キリスト教も浄土宗・浄土真宗も、根本的には同じことを言っているのか。

いや、とんでもない。

たしかに、「ただ信のみ」。

ここまでは同じである。今まで子細《しさい》に論じてきたように。

が、ここから先が、根本的にちがってくる。

仏教は仏教、キリスト教はキリスト教であって、千里の差、いや光年もただならずちがってくる。

まず、「ただ信のみ」とは言っても、その信ずることの内容。

「それは全我を打ち任せての無我の心状態である」。日本人ならこの心状態、分りすぎるほど分るであろう。

が、キリスト教では、無我で信じても救済されないのである。「イエス・キリストは、必ず救って下さる」と信じただけでは救済されない。

ある事実を信じなければならない。

その事実とは何か。

〈**神はイエスを死からよみがえらせたもうた**〉

という事実である。再び引く。

あなたが自分の口で、イエズスは主《しゅ》であると言《い》い、心の中で神《かみ》がイエズスを死者《ししゃ》の中からよみがえらせたと信《しん》じるなら、あなたは救《すく》われる。（「ローマ人への手紙」第10章 9）

ここが、キリスト教の本質。

浄土宗では、〈**法蔵比丘が念仏という本願を成就して阿弥陀仏《あみだぶつ》になった。ゆえに念仏だけが本願力を有する**〉。したがって、罪人は罪人ながら、「念仏を唱えて成仏す」という本願の不思議が生ずる。

これが、浄土宗の根本教義である。

しかし、この事実（ゴシック部分）を信ずる必要はない。

ただ名号（念仏）を唱えればよい。口唱しなくても、心の中で、唱えてもよい。無我の境地で信ずるだけでよい。

「この事実を信ずる必要がない」どころではない。「こんな事実がある」なんていうことを主張した刹那《せつな》に、仏教がなくなってしまう。

仏教は、ギリシャ哲学でいう存在論《オンタラジー》（ontology）を否定するからである。アリストテレス的いわゆる形式論理学（すすんでは、ヒルベルトに始まる集合論的論理学）を拒否するからである。

浄土宗が発展してゆくにつれ中国で批判された。

浄土が存在し、そこに阿弥陀如来がいる。こう考えることは存在論の引証であって、仏教の論理では考えられないことである、と。

浄土側は、こう反論した。法蔵比丘は、本願を成就してひとたびは阿弥陀如来とはなった。しかし、ギリシャじゃあるまいし、阿弥陀仏なる実体が存在するというのでは仏教の論理上こまる。そこで、阿弥陀如来は、せっかくさとった「このうえないさとり」を忘れて、もとの法蔵比丘にかえって、修行をやり直すことにした。これは修行中だから法蔵菩薩。法蔵菩薩は、念仏を本願として修行中である。

しかし、仏教の論理は、ギリシャの論理よりも、もっとずっと、普通の人びとには分らせにくい。

だから、浄土という極楽があって、そこに阿弥陀如来がいて、念仏の本願で人を救済する（浄土に往生させる）と。方便でこのように説明する。

これは方便であって、決して事実ではない。だから、それを信ぜよ、という要求は、仏教ではあり得ないのである。

これに対し、キリスト教神学の中心に存在論がある。使う論理は、アリストテレス的形式論理学。

古代ユダヤ教や原始キリスト教の「論理」は、そこまで整理されてはいなかった。が、存在論と形式論理の萌芽《ほうが》はあった。それらに接続するものは持っていた。

この点、存在論と形式論理学とをまっこうから拒否する仏教とはちがう。

根本的経典をもつ啓典宗教のユダヤ教、キリスト教、イスラム教では、神の存在。

これが大前提である。

神の存在を否定したら。

これはもう、途端に、啓典宗教徒でなくなる。

神は存在するか、と問われたら。

直ちに、存在する、と答えなければならない。

仏は存在するか。

こういう問答は、実は、仏教にはない。

しかし、強いて問われたら。存在する、なんて答えたら落第。

今はべつに、禅問答をしているのではない。あえて仏教の論理を説明すると、こういうことになる。

答。仏は存在する。仏は存在しない。仏は存在するのでもない。仏は存在しないのでもない。

仏は存在すると同時に存在しない。仏は存在する、存在しない以外でもある。

「ただ信のみ」と言っても、キリスト教の場合と仏教の場合とでは、右のように、その意味が根本的にちがう。

キリスト教の場合には、「神はイエスを死からよみがえらせたもうた」「神はイエスを死者の中から復活させたもうた」この事実を信ずれば救済される。

これに対し、仏教では、「阿弥陀如来が浄土にいる」なんていうことを信ずる必要はない。必要がないどころではない。実体的な阿弥陀如来が存在するなんていうことを信ずれば、仏教の外にとび出してしまう。仏教の論理から外れるからである。

これが、根本的なちがいの一つ。

もうひとつの根本的なちがいは、正統性の創造、正しさの創造がなされているかいないか。このちがいである。

パウロが言っていたではないか。

今まで正しくなかった人（法律を破ったゆえに）を、神の恵み《グレイス》（grace）により正しい人（イエス・キリストを信じるゆえに）とする。

明らかに神は、「正しさ」を変更しているのである。いや、新しい「正しさ」を創造している。

これが、キリスト教。

もはや、さとりはひらけない

法然・親鸞の論理は、全くこれとはちがう。

法蔵比丘が念仏という本願を成就して阿弥陀如来になった。ゆえに念仏だけが本願力を有する。したがって、「罪人は罪人ながら念仏を唱えて成仏す」という不思議が生ずる。

これは、客観的真理である。末法だから、急に、こういうふうになったのではない。

罪人は罪人ながら成仏するのであって、罪人が罪人でなくなるわけではない。罪人であるかないかを決める規範《ノルム》は客観的に存在する。阿弥陀如来といえども、この規範を変更して罪人を罪人でなくすることはできない。罪人は、依然として罪人であるままで成仏する。だから、本願の不思議。

法然・親鸞の背後には末法思想がある。

末法思想では、変わるのは人間のほうである。法のほうは不変。正法→像法→末法　と、釈迦入滅後時代が下るにしたがって、人間は、だんだんわるくなってゆく。法は不変であっても、人間のほうがわるくなってゆくので、法と人間との関係は変わってゆく。

正法の時代なら、釈迦が発見した（与えたのではない）法にしたがって修行すれば、さとりがひらけたかもしれない。正法の時代にも、底下《ていげ》の凡愚（鈍根無知の者）は修行してもさとれなかったが。それが、像法の時代になると、修行してもさとれる者がいなくなった。末法の時代になると修行する者さえいなくなってしまった（親鸞聖人自身告白しているではないか。真証の証に近づくことを快《たのし》まず、と。愛欲と名利にからまれて、専心に修行することができないことを、くりかえしくりかえしなげいている）。末法の世である。仏教集団は戦争集団と化した。僧侶は、修行も学問もおっぽり出して戦争の専門家に成り果てた。

これほどまでに人間が悪化したから聖道門《しょうどうもん》はナンセンスになったのである。聖道門とは、善行を重ね、修行をして自力でさとりをひらこうとする仏門。

かくほどまで悪化しつくした人間に修行しろなんて要求しても無駄である。いわんや、自力でさとりをひらけなんて。

だから、救済（往生）をもとめようとすれば阿弥陀如来の本願たる念仏（称名）によるのほかはない。阿弥陀如来の救済の力を発動してもらうほかはないのである。

法が変わったのではない。人間のほうが変わって、トコトン悪化したのである。そのため、正法の世とはちがって、法は誰の手にもとどかないところへ去ってしまった。

親鸞聖人の歎き。「釈迦の遺法ことごとく龍宮に入りたまいき」とは、人間の手のとどかない所に行ってしまった。こういう意味である。「釈迦の遺法」とは「釈迦が発見した法」。「釈迦が定めた法、釈迦が命じた法」という意味ではない。

仏教における「法」は、仏とは無関係に、存在する。仏といえども、法を変更することはできない。まして、制定したり、命じたりすることはできない。仏はまた、「正しさ」を作ることもできない。「正しさ」を変更することもできない。「正しくない」ことを「正しい」とすることもできないし、逆に、「正しい」ことを「正しくない」ことにすることもできない。

キリスト教は、イエス・キリストを信ずることが正しい。ここに「正しい」とは、「神の前で義《ただし》とされること」＝「神と正しい関係」に入ることを言う。

日本における法不在

よく知られているように、今の日本で、日蓮宗あるいは日蓮の影響をうけた教団は、最も活気のある、最もダイナミックな宗教団体である。

法然、親鸞の流れをくむ浄土真宗は、日本最大の宗教団体である。

由是観之《これによりてこれをみるに》、宗教から戒律を抜くことこそ、日本人の人心を得る秘訣《ひけつ》である。

仏教から戒律が抜けたことは、ただに、日本仏教を日本教の一宗派にしたのみならず、日本社会に、巨大な烙印《らくいん》を押すことにもなった。

日本から法（律）をも消し去った。いや、法の芽をつんでしまった。外国の法を手本にしてこれを模倣することさえも困難にした。この困難さは、古代、中世において、中国法を模倣するさいにもあらわれた。が、いまの日本人が痛切に感じているのは、現在日本の法不在である。

現在日本の法律の源流は、明治時代にある。

川島武宜教授は「明治政府は、主としてドイツとフランスの法典を模倣して、六つの基礎的法典を作った」（『日本人の法意識』岩波新書）と言う。

川島博士は続ける。

「諸法典の圧倒的な大部分は……はなはだ西洋的であった。……これらの法典が西洋的なものとなったのは、当時の日本の国民生活の大部分において、法律を西洋的なものにするような現実的な或《ある》いは思想的な地盤が普遍的にあったからではなくて、不平等条約を撤廃するという政治的な目的のために、これらの法典を日本の飾りにするという一面があったことは否定できない」(同右)。

明治期に西洋的な法律を作ったのは、社会的に必要であったからではない。不平等条約を撤廃するという政治的目的のためである。だから、日本の法律は、どうしてもギクシャクして日本人に馴染《なじ》みがたいものとなった。かかる法律を日本でいかに機能させていくか。法律家（法学者や裁判官など）の苦労は、ここから始った。これが『日本人の法意識』のテーマである。が、日本人が法（律）に馴染《なじ》まないのは、明治に始まったことではない。いつの時代においてもそうである。

近代的欧米人だけでなく、古代、中世の中国人などとくらべても。

法的に考えればどうなるか、合法的であるかどうかという思惟《しい》方式が、まるでないのである。法の論理が使えないのである。

日本人における法不在。

日本人が法の論理を使えない所以《ゆえん》は何か。

宗教における戒律不在から来たものであると思われる。

戒律不在が法不在を生んだ。

宗教社会学的にいうと、宗教の戒律と世俗の法律とは、密接な関係にある。

ユダヤ教とイスラム教とにおいては、宗教の戒律が、ズバリそのまま、世俗の法律でもある。

両者は、まったく同じものであり区別はない。社会規範も、これと同じである。コーランが第一の法源であり、スンナ（マホメットの言行《げんこう》と承認）が第二の法源であり……。

キリスト教に戒律はない。また、福音書も新約聖書のその他の部分も、世俗の法（律）の法源となりうるようには作られていない。

しかし、キリスト教のバックには、ユダヤ教がある。

ヴェーバーが指摘しているように、このことの重大な意味は刮目《かつもく》すべきである（以下、パウロの業績についての説明は、ヴェーバー『古代ユダヤ教』の序文における説明を筆者の責任において翻案《ほんあん》した）。

パウロの伝道の最重要な精神的業績は、ユダヤ教の聖書（旧約聖書）をキリスト教の聖書として継承したことにある。

旧約聖書は、戒律（法律）のオンパレードである。しかも、これらの戒律（法律）たるや、きわめて合理的（例、魔術《マギー》からの解放もなされている）に作られている。旧約における法（律）たるや、まさに、法的思惟《しい》の淵叢《えんそう》である。

ゆえに、旧約聖書がなかったならば、キリスト教的日常倫理を作り上げることはできなかったであろう。また、キリスト教会内のルールを作り上げることもできなかったであろう。

すなわち、キリスト教会も、キリスト教的日常倫理もあり得なかったことになる。

こんなことでは、キリスト教は、世界宗教になんかなれっこない。

このように、旧約聖書をキリスト教の聖書として保存したところにパウロの精神的業績がある。

が、パウロのさらに大きな精神的業績は、旧約聖書を改造したことである。

旧約聖書が掲げる法（法律）は、すぐれて合理的なものではある。が、特殊ユダヤ的なものもあり、その賤民的状況に固く結び付いたものもある。

例えば、割礼や食物規制などがそうだろう。祭りや礼拝規定にも、かかる例は多い。

パウロは、イエス・キリストが無効を宣言したという理由で、かかる法（法律）を全廃してしまった。

かくて、キリスト教は、トーラーの束縛から解放された。

キリスト教が世界宗教たるべき坦々《たんたん》たる道がひらかれた。

これが、パウロ伝道における精神的業績である。

ヴェーバーは論じている。パウロの右の業績がなければ、キリスト教は世界宗教に発展することなく、小さな「病気治し教」にとどまっていたであろう、と。

宗教と法律

すでに指摘したように、カトリック教会法の構成はローマ法である。ローマは巨大な帝国であり、人種、民族、言語、宗教、慣習、文化……などを異にする多くの人びとを包摂している。また、道路その他の交通の整備によって、いろんな意味で異なった人びとのあいだの交流もさかんになった。これらの人びとのあいだの紛争を解決するためには、普遍的な法律に依《よ》らなければならない。また、この法律は、複雑な紛争を解決すべく高度に発達したものでなければならない。

右の要請から、ローマ法は極度に発達した。ローマが残した最大の遺産は法律であるといわれる所以《ゆえん》である。

カトリック教会は、ローマの遺産を継承した。そして、ローマ法を手本にして教会法《イクリージアスティック・ロー》をもった。教会の外では、熊や猿にも似た野蛮なゲルマン人が、旧来の慣習にしたがって生活していた。

このように、中世ヨーロッパでは、教会の中のローマ法と教会の外のゲルマン法とが併存することになった。

多くの法史家はこう言っている。教会内のローマ法が漸次、教会の外のゲルマン法の世界へ拡散してゆき、前者を媒介にして後者を近代的に再編成する過程。それが近代法の成立過程である。もちろん、それぞれの国情に応じて、この成立過程は多様である――例、英法の成立過程と仏法の成立過程とを比較せよ――。

以上の議論から次の結論が得られる。

キリスト教に法はない。が、それを補うものとして、ユダヤ人の法とローマ法がある。ユダヤ人の法は旧約聖書の中に在《あ》り、ローマ人の法はカトリック教会の中に在《あ》った。

ユダヤ人の場合には、法と戒律とは同義である。カトリック教会内の教会法も、それが世俗法《スィヴル・ロー》（civil law）ではないという意味では、やはり、（広い意味での）戒律の一種であるといえよう。

欧米キリスト教諸国の場合にも、宗教の戒律が法律を与えた、と言えよう。

さらに大切であるのは次のことである。

欧米におけるキリスト教は、福音書における法不在にもかかわらず、右の事情により、信者に、法的思考力、法的論理を与える可能性を十分に持っている。

いずれにせよ、宗教の戒律の研鑽《けんさん》こそ、法学研究の温床である。

このことは、古今東西を通じて、言えそうである。

以上のことを考えに入れると、わが国の仏教が戒律を抹殺《まっさつ》したことは、この意味でも、重大な意味をもつ。

日本における法不在。新井白石から川島武宜に至る多くの学者の瞠目《どうもく》するところであった。

日本における法不在には、いくつかの理由があろう。

巷間《こうかん》に流布《るふ》した説は、日本人の一様性に基づく。日本人は同一民族であり、言語、習慣、価値観、文化……などを共有する。ゆえに、法律などにうったえてカドを立てるよりも、以心伝心で阿吽《あうん》の呼吸の間に解決したほうが、紛争の解決は容易である。だから、法律があまり機能しない（すすんでは、法律が生まれて来ない）のである、と。

この説の当否については、今ここでは論じない。

が、より根本的には、その所以は、宗教的理由に索《もと》められるべきであろう。ここまで詳論してきたように、法と宗教との密接な関係に鑑《かんが》みて。

日本は、仏教の戒律を消してしまった。

仏教の日本文化に及ぼした影響力の大きさを思うとき、このことがもつ意味は、とほうもなく大きい。

仏教、儒教、キリスト教と、世界四大宗教のうち、三つまでが日本に入ってきた。ほとんど入ってこなかったのはイスラム教だけである。道教、ヒンズー教は、宗教としては日本に入ってこなかったが、それらが日本文化に及ぼした影響は無視できない。

しかし、日本文化に及ぼした影響力の大きさということになると、仏教が圧倒的である。日本文化に影響を及ぼしたその他すべての宗教の影響力をひっくるめても、とうてい、仏教の影響力の足下にも及ばない。

このことの重大さは、いくら繰り返しても繰り返しすぎることはない。

その仏教の生命たる戒律を抹殺《まっさつ》し、仏教を換骨奪胎《かんこつだったい》して日本教の一派にしてしまったのだから一大事。

いたるところに深甚な結果を生じた。

その結果のひとつが日本における法不在。

日本において法律は機能せず、日本人は、法の心《リーガルマインド》（legal mind 法的センスと法的論理の駆使能力）を失なった。

第7章

天皇と日本

天皇システムの危機

さて以上、ユダヤ教における神との契約は因果律であるのに対し、日本の神勅は予定説であることを論じてきた。また、仏教における戒律の全廃を通じて、日本における法もまた全廃されたことを指摘した。

これらの諸命題を前提として、本論に入ってゆきたい。

承久《じょうきゅう》の乱《らん》以前の日本人の天皇に対する態度はいかなるものであったか。

日本人民の尊皇心は当時に在《あ》りても、実に一種の宗教なりき。（山路愛山『足利尊氏』岩波文庫　20頁）

では、いかなる宗教か。

愛山は言う。

忝《かたじけな》くも我朝は神の世より今に至るまで世々受継《うけつい》で皇祚《こうそ》他《た》をまじえず。（同右　20頁）

神の直系の子孫であるということを正統性《レジティマシー》の根拠としている。

それに、仏教的正統性も加わってくる。

百王守護の三十番神なるものありて常に禁闕《きんけつ》（皇居）を守れり。（同右　20頁）。

それゆえ、日本人の天皇に対する気持は、

宗教の信仰と別つこと能はざる深くして且厚《かつあつ》き敬虔《けいけん》の心なりき。（同右　20頁）

また兼好法師は、「天皇と皇族は神胤《しんいん》にして人間の種にあらず」と『徒然草』で語る。ゆえに、右の正統性と国民の気持とから導かれる結論は、如何《いか》なる君命も臣子は之に抗すべきものにあらず、となる。

天皇の命令には、臣下は絶対に抗することができない。是非善悪を問わないのである。いや、天皇が正しい命令を下すのではない。天皇の命令だから正しいのである。いかなる命令であっても。天皇は、「正しさ」を創造する。正統性を創造する。

これまさに、キリスト教的神。

ところが、神代、古代、中世のはじめを通じて貫徹し、天壌無窮を誇った予定説の論理である天皇システムにも危機が訪れた。

承久の乱である。

頼山陽も言っている。

われ将門《しょうもん》の史を修《おさ》め、平治・承久《じょうきゅう》の際《さい》に至り、未た嘗《かつ》て筆を舎て歎《たん》ぜずんばあらざるなり。（頼山陽『日本外史』頼成一ほか訳　岩波文庫　280頁）

頼山陽は、日本において武士があらわれてくるときの歴史を研究した。そして、平治の乱、承久の乱の研究をしてくると、これはショッキング。筆をすてて、なげき悲しまないことはなかった。

頼山陽は、天皇イデオロギーのイデオローグである。

山陽の『日本外史』は、幕末の大ベストセラー。藩の財政をたて直すために『日本外史』を出版した小藩もあったほどである。それほどまで売れた。人心を尊皇一辺倒に向かわせるための一つの原動力となった。

その山陽が、なぜ、なげくのか。

承久の乱の結果、古代いらいの天皇システムは崩壊した。それとともに、天皇イデオロギーも大打撃をうけた。百八十度の大転換を見た。

朝廷（天皇が政治をとる所）は、最終的に政治権力を失ったのであった。

すでに頼朝《よりとも》は、文治《ぶんじ》元年（一一八五年）天下兵馬の権を握って幕府の主《あるじ》となり、建久三年、征夷大将軍に任ぜられた。

武家政治がスタートした。幕府は、慶応三年（一八六七年）十月、徳川慶喜《よしのぶ》が大政奉還《ほうかん》するまで七百年近く続く。

承久元年（一二一九年）一月二十七日に後鳥羽《ごとば》上皇に従順であった三代将軍実朝が暗殺され

ると源氏の正統は絶え、藤原将軍をむかえて執権の北条氏が幕府の実権をにぎった。

執権北条義時は、後鳥羽上皇に、あまり従順でなかった。後鳥羽上皇は、幕府征伐を決意された。

後鳥羽上皇は、承久三年五月十五日、兵を動員して幕府の京都守護佐藤光季《みつすえ》を討伐された。朝廷挙兵のニュースは、五月十九日正午、鎌倉の幕府に伝えられた。

サア一大事。幕府は創設いらいの危機の前に立たせられた。

皇室は神胤《しんいん》だから神仏の加護するところである。皇室に手向かって兵を挙げる者は必ず敗軍すべし。これが当時の支配的イデオロギーであったからである。

鎌倉幕府の創始者頼朝は、天皇イデオロギーのイデオローグであった。


……しかるに頼朝は、跪《ひざまず》いてうやうやしく勅命を承り、いかに困難なことでありましても、勅命とあれば必ず奉仕させていただきますとお誓い申し上げ、そして勅命に従わない武士に対しては、「日本国から出て行け」と厳然《げんぜん》として言い放ったのであります。（平泉澄『物語日本史』講談社学術文庫　１４１頁）

武士団における頼朝の権威の大きさからして、このイデオロギーは、武士のあいだに浸透《しんとう》していたことと思われる。

古来のイデオロギーと初代将軍頼朝のイデオロギー。

幕府のトップ泰時《やすとき》はじめ、鎌倉の武士たちが、朝廷へむけて弓を引くことは、心理的に困難であった。
この状況を打破したのが、二位尼政子《にいのあままさこ》の演説である。彼女は、頼朝の未亡人であり、実朝《さねとも》の母であり、義時の姉である。

この人の前では、頭を上げられる武士はありません。二位尼は、関東の将士を簾《すだれ》のもとに召し集め、これに向って言いました。
「一同の者、よくよく承《うけたまわ》れ。汝《なんじ》ら、今日の収入といい、官位といい、すべて頼朝公のおかげではないか。その御恩は、山よりも高く、海よりも深いであろう。それを忘れて、京へ参り、官軍に付くか、それとも頼朝公の御恩を考えて、鎌倉方として御奉公するか、態度をはっきりきめて、ただいまここで申し切れ。」（同右　155頁）

その結果、どうなった。

並びいる大名小名、これを聴いて涙を流し、鎌倉へ忠誠を誓います。（同右　155頁）

「いかに困難なことでありましても、勅命とあれば必ず奉仕させていただきます」という頼朝のイデオロギーは、ここに百八十度の転換を見た。

予定説から因果律へ

「頼朝は、よい政治をしたから正しい」という論理は善政主義である。因果律である。

　二位尼政子の演説は、歴史的に画期的意味をもつ。

「天皇は、無条件に、正しい」という予定説がくつがえって、「よい政治をする者が正しい」という因果律が支配するようになった。

　この予定説から因果律への変換を決定的にした（人びとの行動原理とした）ものこそ、右の二位尼政子の演説である。

「並びいる大名小名、これを聴いて涙を流し、鎌倉への忠誠を誓った」のだから。

　しかし、イデオロギーの変換ほど困難なことはない。ヴェーバーによれば「イデオロギーの変化は蝸牛《かたつむり》の歩みより遅く、巨大な心的葛藤《かっとう》の後にはじめてなされる」「長期の教育の結果としてなされる」「燦然《さんぜん》たるカリスマによってなされる」のである。

「天皇は、何をしてもしなくても、常に正しい」という予定説は、幕府のトップ・リーダー泰《やす》時《とき》につきまとって離れない。

　幕府軍の司令官として鎌倉を出発するときに、泰時は、父の執権義時に言った。


　国は皆王土にあらずといふことなし。されば和漢共に勅命に背《そむ》くもの古今、誰か安安することなし。（山路愛山『足利尊氏』岩波文庫　101頁）

だから、官軍に手向かったりしないで、合戦をやめて無条件降伏しよう。

泰時は、こう言って父義時を諫《いさ》めた。

義時が泰時の諫めをきいていたならば、日本史は、あるいは、ちがったものとなっていたかもしれない。

義時は反論して言った。


但《ただ》し、夫《それ》は君主の御政道正しきときの事なり。（同右　101頁）

ところが今や、天皇の政治は正しくない。失政の禍いがまだ及ばないところがあるのは幕府の力による。

君の政《まつりごと》古《いにしえ》にかえて実を失へり……国土穏《おだやか》なる所なし。禍《わざわ》いまだ及ばざる所は恐らくは関東のはからひなり。（同右　101頁）

だから、無条件降伏なんかしないで、断乎として戦え。

天皇絶対の予定説は、善政主義の因果律にとって代《か》わった。

鎌倉から京都へ攻めのぼる兵力は十九万——当時としては地を埋《う》めつくすほどの大軍である——。東海道、東山道、北陸道と三手に分かれて、承久三年五月二十五日の朝までに、全軍ことごとく出発した。朝廷挙兵のニュースが入ったのが五月十九日の正午だから、まさにこれ電撃的スピード。

幕府軍は官軍を連破して、泰時は、出発後二十日めに京都へ入った。

「皇室に手向かって兵を挙げる者は必ず敗軍すべし」という神話は雲散霧消した。天皇が担《にな》うカリスマは致命傷をこうむった。破天荒のことである。

泰時の戦後処理がまた破天荒であった。前代未聞であった。

それまでの伝統にしたがえば、いかなる場合でも、無条件で皇室は政治的責任を免除されることになっていた。予定説である。

かつて、後白河法皇は、義仲に頼朝追討の院宣《いんぜん》を下した。また、義経にも頼朝追討の院宣を下した。それにもかかわらず、頼朝の軍勢は義仲を討ち滅ぼした。義経を追放した。戦後、頼朝が後白河法皇の責任を追及することはなかった。

天皇は、何をしてもしなくても、常に正しい。この予定説が支配的であった。

しかし、承久の乱を契機に、この予定説が通用しなくなったのであった。

泰時が京都に入るや、後鳥羽上皇は、義時追討の院宣を撤回した。そして、近臣六名を首謀者として泰時に引きわたした。泰時は、この六名のうち五名を戦犯として死刑にした。

いままでなら、これで一件落着。

しかし、承久の乱によって武家政治は完成されていた。朝廷は完全に政治権力を失なっていた。

予定説に代わって因果律が支配することになっていた。

「天皇（上皇）は、何をしても正しい」のではない。天皇（上皇）といえども、自分の行為が原因となって生じた結果には責任がある。

このように考えられるようになった。

泰時は、朝廷の戦争責任を追及した。

まず、後鳥羽上皇の院政をやめた。そして仲恭《ちゅうきょう》天皇には譲位を奏請し後鳥羽上皇の兄守貞親王の子茂仁《ゆたひと》王を御位につけた。後堀河天皇である。

そのうえで、新天皇の勅令であると称して、後鳥羽上皇を隠岐《おき》へ、順徳上皇を佐渡へお遷《うつ》しした。土御門《つちみかど》上皇は、みずから土佐へ、ついで阿波《あわ》にお遷りになった。

天皇イデオロギーのイデオローグ頼山陽が筆をすてて歎くのも当然である。

天皇の世は終焉し、武士の世は完成された。

『神皇正統記』の意味

天皇をめぐっての予定説から因果律への変換は、ひとり幕府側だけに見られたのではなかった。

北畠親房の『神皇正統記《じんのうしょうとうき》』といえば、勤王の士のバイブルと唱され、天皇イデオロギーの最高経典の一つである。

しかも、保元の乱、平治の乱、承久の乱の解釈については、善政主義・因果律の展開が見られる。

『神皇正統記』は、周知のように、

大日本《おほやまとは》神國《かみのくに》也。天祖《あまつみおや》はじめて基《もとゐ》をひらき、日神《ひのかみ》ながく統《とう》を傳給《つたへ》ふ。我國《わがくに》のみ此事あり。異朝《いてう》には其たぐひなし。此故に神國《かみのくに》といふなり。（岩佐　正校注　岩波文庫　一九七五年　15頁）

で書き出す。

このことについて、『神皇正統記』は論じて言う。

昔、皇祖《こうそ》天照太神《あまてらすおおみかみ》、天孫《てんそん》の尊《みこと》に御ことのりせしに、「寶祚《あまつひつぎの》隆《サカンナルこと》當《マサニ》下與二天壤一《あめつちと》無中《きわまりナカ》窮上《ルベシ》。」とあり。（同右　44頁）

と、神勅の主旨を述べたあと、「きわまりあるべからざるは我國を傳《つたふ》る寶祚《ほうそ》なり」と断言している。

ここの「宝祚」とは、天皇（の御位《みくらい》）のこと。

ここに、何の条件もついていないことに注意。

天皇は、無条件に、善政を施いても施かなくても、徳があろうがなかろうが、天皇（の御《み》位《くらい》）は天壌無窮《てんじょうむきゅう》（あめつちとともにきわまりない）なのである。

日本国民もまた、無条件で、天皇をあおぎとおとばなければならない。

あの天皇は徳があるから尊敬する。この天皇は徳がないから尊敬しない。かかる態度は、日本国民には許されないのである。

あふぎてた（ツ）とびたてまつるべきは日嗣をうけ給すべらぎになむおはします。（同右44頁）

これが、『神皇正統記《じんのうしょうとうき》』のテーマであることは言うまでもない。一見しておわかりのとおり、典型的な予定説。親房は、予定説で『神皇正統記』をはじめた。

では、新約聖書のごとく、予定説で一貫しているか。

そうではない。

保元、平治、承久の兵乱を語る件《くだり》になると、親房の筆は、一転して因果律（善政主義）になる。現実政治家でもなければならなかった親房は、マルチン・ルッターのごとく、現実の政治的要請の前に日和《ひよ》ったか。だかどうだか知らないが、親房が、保元、平治、承久の諸変を述べるときの論理が因果律（善政主義）であることはたしか。

親房は承久の乱における後鳥羽上皇を批判している。

白河・鳥羽の御代比《のころ》より政道《せいだう》のふるきすがたやうくおとろへ、後白河の御時兵革《ひやうがく》おこりて奸臣《かんしん》世をみだる。天下の民ほとんど塗炭《トタン》におちにき。（同右153頁）

天皇の政治がおとろえ、戦争がおきたので、国民はほとんど塗炭《とたん》の苦しみにおちた。

頼朝一臂《いちび》をふるひて其亂《みだれ》をたひらげたり。……萬民の肩もやすまりぬ。上下堵《ト》をやすくし、東より西より其徳に伏せしかば、實朝《さねとも》なくなりてもそむく者ありとは聞えず。（同右　153頁）

頼朝は戦乱をおさめて平和をもたらした。国民は安心して生活ができるようになった。東西の国民は、その徳を謳歌《おうか》し、反乱を起す者とていない。

だから、もう、天皇（上皇）がジタバタしたからとてどうにもならない。

是《これ》にまさる程の徳政なくしていかでたやすくくつがえさるべき。従又《たとひ》うしなはれぬべくとも、民やすかるまじくは、上天よもくみし給はじ。（同右　153頁）

「どうにもならない」理由は善政主義（因果律）である。

天皇の復活

承久の乱は「ポツダム宣言」受諾、「天皇人間宣言」にも比すべき日本史最大の事件である。

天皇の神勅的正統性に致命的打撃を与え、ひとたびは、これをこなごなに粉砕した。この正統性の破片をひろいあげて結び合わせ癒着させて生体にまとめ上げる作業。というよりもこれは、イエス・キリストの復活そのものである。ひとたび十字架上で死したイエス・キリストは復活する。復活することによって、イエスはキリストであることを証明した。神であることを証明したのであった。

死と復活によってはじめて、人びとはイエスを信ずるようになった。

死と復活。

これがキリスト教の要諦。

人々の前でこれほど多くの奇跡《きせき》を行われたのに、なお彼《かれ》らはイエズスを信《しん》じなかった。

(「ヨハネによる福音書」第12章　37)

イエスは、死んで復活した後に信じられる。

「わたしは復活《ふっかつ》であり命《いのち》である」「あなたはこのことを信《しん》じるか」(「ヨハネによる福音書」第11章　26、27)

「主《しゅ》よ、あなたがこの世《よ》に来るべきお方、神《かみ》の子キリストであることを信《しん》じます」(「ヨハネによる福音書」第11章　27)

「天皇」は神である。その「神である」とは、「キリスト教的神である」。

これ、本書のテーマである。

キリスト教において、神は死んで復活する。

つぎに、日本歴史において、天皇の死と復活のプロセスを見てゆきたい。

天皇の死。

それが、承久の乱。

神勅的正統性によれば、天皇に抵抗するということは、あり得べからざることである。

天皇は絶対に正しい。

これが、天皇イデオロギーの生命。

その生命が断たれたのである。まさに、天皇の死。

山本七平は言う。「天皇に刃向うことは当時は強烈なタブーであり、武士団の中に、強い恐怖」があった。また、これは「非倫理的悪行という考え方」による心理的抵抗が強烈であった、と。（山本七平『日本的革命の哲学――日本人を動かす原理』41頁）。

武士団の人びとの中でも、幕府の中心的人物、泰時こそ、まさに、右の信仰のイデオローグであった。プロタゴニスト（主役）であった。

右の天皇教のドグマ、天皇絶対のイデオロギーは、明恵上人《みょうえ》（一一七三～一二三二）の法談に要約されてある。

まず、一般論として宣言して言う。

一朝の万物は悉《ことごと》く国王の物に非《あら》ずと云ふ事なし。然《しか》れば、国主として是《これ》を取られむを、是非《ぜひ》に付きて拘《こだわ》り惜《お》しまんずる理《ことわり》なし。（『明恵上人集』岩波文庫　１８３頁）

是非《ぜひ》（正しいか、正しくないか）について何も言うな、と言っているのである。

これ、天皇絶対の宣言である。

明恵上人。瞑想の人で論争を好まなかった。このうえなく、優しい人であった。あるとき行法の最中に侍者を召した。手水桶に虫が落ちたようだと。よく見ると蜂が水の中に入って死にそうであった。侍者は、急いで取り出して放ってやった。その他、小鷹にけられている雀を助けたり。

これほどに慈悲深い明恵上人の言葉である。日本にあるすべての物は国王（天皇）の私有財産なのである――この考え方だけでも、すでに仏教の考え方にはあり得ないのであるが――。

明恵上人は、さらに言う。「国主として是《これ》を取られんを、是非《ぜひ》に付きて拘《こだわ》り惜《お》しまんずる理《ことわ》りなし」

天皇が、ご自分の私有財産を勝手になさるのに文句をつけるべきではない。良いの、悪いのって言うだけナンセンス。

明恵上人の不思議

仏教における喜捨（寄附）の思想。比較宗教学的にもきわめて重要である。ここに、スケッチしておきたい。

キリスト教においては、労働は、救済を保証する。中世カトリック教会のスローガンは、祈りかつ働け、というものであった。これがキリスト教的禁欲たる労働。

労働は救済の手段である。

これほど非仏教的なアイディアは、またと考えられまい。

仏教では労働なんかしている時間はない。

ただただ、少しでも、一刹那《せつな》でも早く、さとりをひらいて、解脱《げだつ》して涅槃《ねはん》に入れ。

労働などしていたのでは、救済（涅槃に入る）から遠ざかるばかりである。

出家者（比丘または比丘尼）の集団たる僧伽の戒律は、労働を厳禁した。

僧伽の成員たる比丘または比丘尼は、食物を乞うて生活する。

食物だけではない。衣料、臥具《がぐ》、医薬品などの生活必需品もすべて信者たちの喜捨（寄附）によった。

これ、経済思想としての仏教とキリスト教との根本的相違である。天地もただならぬ懸隔である。

僧——仏教において最も尊重される存在は、すべて喜捨によって生活しなければならない。

労働をしてはならないのである。

仏教では、喜捨の教義が発達した。

何故《なぜ》、喜捨が大事なのか。

「このうえないさとり」をひらいて仏となるための原因を作るからである。

仏教の論理は因果律である。結果には必ず原因があると考える。原因がない結果などということはあり得ない。

「このうえないさとり」をひらいて仏となる。

そのことがいかに困難か。

仏に成ることの困難さの理解こそ、実に、仏教理解の鍵である。

仏教においては、これほどまでに喜捨（寄附）は重要。

僧侶の労働を禁止していることの当然の帰結として。

仏と成るための原因を作ることであるのだから、財物は、喜んで捨てられるべきなのである。

捨身すら、あり得る。

いわんや、財物においておや。

国王たる者が、財物にこだわるなんて。

あり得べからざることではないか。まったくもって。

日本中の物はすべて天皇の私有財産である、と仮定しても、そこから先の仏教の論理はこうなるのである。

そんなに沢山、物を持ってるんだったら、なるべくたくさん、つとめて施しなさい。

仏教の論理としては、どうしてもこうなる。

もし施さないとすれば、これ、どうしようもない因業《いんごう》な国主ではないか。

いわんや、ひとたび臣下に与えた物《もの》を、「国主として」是《これ》を「取《と》」り返すとは。

明恵上人の論理は、このうえなく、非仏教的である。

仏教的に言ってみれば、かくほどまでにナンセンスではあるが、これをもし、儒教的に言ってみれば、因業どころでなく、非業である。明恵上人は、最高の仏教学者である。そのうえ、儒学の教養も深かった。

どんな火花が散ったのやら。

きわめて重大な思想

天皇は、自由に臣下の物を取ってよろしい。臣下はいかなる理由があっても、天皇の略奪を拒否することはできない。

これ、きわめて重大な思想である。

儒教の思想からは、導出され得べからざる思想である。

明恵上人は、天皇に、暴君になれ、天皇は暴君であってもよい、と言っているのである。

儒教イデオロギーは、天子は有徳の人でなければならない、としている。現実に、いかに不徳の天子が現われようとも、イデオロギーにおいて儒教は、毫釐《ごうり》の仮借もない。しかも、「有徳であるかないか」の判定規準は、すでに聖人が決めてしまっていて、天子といえども、この規準を勝手に変更することは許されない。

儒教イデオロギーからすれば、天子は有徳の人でなければならない。

儒教における救済は、すべて、ここからスタートする。

有徳の根本は政治にある。

政治の究極的目的は、まずは、国民生活の保証。

子貢《しこう》が政治のありかたについて質問した。


子曰《しのたまわ》く。食を足《た》らし、兵を足《た》らし、民をして信ぜしむ。（『論語』顔淵第十二）

食を十分にし、軍備を十分にし、人民に信用されることだ。

子貢は、さらにつっこんで質問した。政治において、これら三つがとくに大切であることは分りました。しかし、どうしても止むを得ずしてこれら三者のうちどれかを切り捨てなければならないとすればどれを去るべきでしょうか。

曰《のたま》わく、兵を去らん。（同右）

軍備が後まわしだ。

時は、戦国時代のちょっと前、春秋時代の末期である。戦争につぐ戦争。軍備を後まわしにしたら、いつ外国が攻めてくるか。分ったものではない。それでも、民に食べさせることが軍備よりも大切だ。

孔子は、こう言っている。

政治はすなわち経済。人民の食を確保することが政治の大目的であった。

孟子もまた、人民の生活を確保することこそ、政治の大目的であることを繰り返す。

とくに人口に膾炙《かいしゃ》しているのは次の一句である。


黎民《たみ》、飢《う》えず、寒《こご》えず、然《かくのごと》くして王たらざる者は、未《いま》だこれ有らざるなり。（『孟子』巻第一　梁恵王章句上）

『孟子』冒頭に、政治の要諦を喝破した周知の章句である。

政治とは、民を飢えさせず、寒えさせないことである。

すなわち、よい経済政策をおこなうことである。

孟子は、かくも簡明に述べている。誰も誤解の余地はない。

儒教は、集団救済の宗教である。国（天下）全体には因果律が貫くとしている。

だから、孟子は断言する。

経済政策に成功して、民を飢えさせず、寒えさせないほどのよい政治をおこなって、しかも、天下に王とならなかった人は、未だこれありません。

天下の王は、有徳の人でなければならない。有徳とは、よい経済政策をおこなうことである。

自由放任《レッセ・フェール》とは正反対の考え方ではないか。

これが、儒教イデオロギー。

儒教は、当時の日本の支配的イデオロギーであった。

当時の日本が、儒教輸入にどれほど熱心であったか。仏教の輸入に熱心であったことに匹敵するほどのものがあった。

遣隋使や遣唐使の面々《めんめん》。仏教や儒教の経典の輸入には熱中した。それらの重要なものは、ことごとく日本へ渡来した。

仏教や儒教の経典の輸入に熱中したあまり、それ以外の文物の輸入は看過したようである。例を二つ、三つ。

お茶の輸入は、ぐっとおくれて、栄西《えいさい》（一一四一〜一二一五）によってであった。中国で茶は後漢（東漢）末頃から普及をはじめ、唐代にはごく普通の民間人でも飲めるようにまでなっていた。遣唐使（唐の帝室の客人）の口にも入っていたにちがいないのだが、日本には入って来なかった。経典の輸入に急のあまり、お茶にまで気がまわらなかったらしい。

さらにおくれたのが葡萄《ぶどう》酒。中国人は葡萄酒を珍重していた。が、中国で国産できるようになったのは唐太宗以後のこと。唐太宗以後は国産できるようになったのだから、珍客に出す程度の余裕はあったはずである。それなのに、日本へ入ってくることはなかった。

ワインが日本へ入ってきたのは、幕末、アメリカ船によって。それまでの日本では「葡萄の美酒」とは詩の中でしか存在しなかった。

ワインはともかく、中国における酒と茶の種類の多さ。その中で、日本へ渡来してきたものはいくつもない。

中国酒と中国料理とが、ともかくも、日本へ入ってきたのは、明治以降である。中国の文物で日本へ入って来なかったものとしては、纏足《てんそく》・宦官《かんがん》・科挙と人間の肉を（普通に）食べる習慣。この四つであると言われている。が、食生活は、明治より前には、ストレートに入ってきたものは、そう多くはない。

むしろ、仏教と儒学の影響こそが圧倒的であった。

こう考えたほうが、あたらずといえども遠からず。

平安時代においても、儒学の影響は大きかった。

近代絶対主義の論理

このことを考えると、明恵上人の言は、まことに不思議千万ではないか。儒学にも造詣《ぞうけい》が深い明恵上人にしてこの言ありとは。

明恵上人の言葉は読く。

「縦《たと》ひ無理《むり》に命《いのち》を奪《うば》ふと云《い》ふとも、天下《てんか》に孕《はら》まるる類《たくひ》、義《ぎ》を存《そん》せん者《もの》、豈《あに》いなむ事《こと》あらんや」（平泉洸《あきら》　全訳注『明恵上人伝記』講談社学術文庫）

天皇が、たとえ、無理に命を奪うとおおせられても、日本に生まれ道義の心得ある者はどうしてこれを断わることができましょう。

小鳥や蜂の生命すら、このうえなく大切にしてやまない明恵上人がこう言うのである。天皇は臣下のものを勝手に略奪してもよい。無理に殺してもよい。それに対して臣下は、だまって奪われ、殺されていなければならない。それが日本人としての道理だ。

明恵上人は、こう言っているのである。

これは、天皇は暴君であってもよい。

こう言っているのである。

仏教の論理からしても、いわんや儒教の論理からしても、考えられないことではないか。

これ、何の論理ぞ。

近代絶対主義の論理である。

ホッブス的絶対国家においては、「主権者の決断によってはじめて是非善悪が定まるのであって、主権者が前以て存在している真理乃至正義を実現するのではない」(丸山真男　増補版『現代政治の思想と行動』「一　超国家主義の論理と心理」)。

近代絶対主義の論理の背後にあるのは、キリスト教の論理である。ユダヤ教の論理である。

その論理とは、どういう論理か。

是非善悪は神が決める。

神は、正しいことを決めるのではない。神が正しいと決めたから、正しい。

神は、天地万物を創造した。「正しいこと」もまた、神が創造したのである。

これは正しい。何故か。神が「これは正しい」と決めたからである。

浅見絅斎

明治以来の天皇イデオロギーの神髄は、浅見絅斎《あさみけいさい》（一六五二〜一七一一）の説にある。「教典」は、『靖献遺言《せいけんいげん》』である。

ところで、ここに、摩訶不思議《まかふしぎ》なこと。

日本人は、きれいに、浅見絅斎を忘れ去ってしまった。

幕末においては、『靖献遺言』はベストセラー（いや、ミリオンセラー）であり、明治初期においては、まだ、かなり、読まれていた。しかし、しだいに忘れられてゆき、戦後になっては、浅見絅斎に言及する論者は、亡き山本七平氏以外には見当らない。

天皇は今も厳存し、「天皇制」、そのイデオロギーとしての「皇国史観」について論じられることは多い。

しかも、「天皇制」イデオロギーの元祖ないしは預言者たる浅見絅斎について言及されることはない。

絅斎は、きれいに忘れ去られてしまっている。

ユダヤ教を論じてモーセを忘れるような話ではないか。

仏教を論じて釈迦を忘れるような話ではないか。

儒教を論じて孔子を忘れるような話ではないか。

キリスト教を論じてイエス・キリストを忘れるような話ではないか。

イスラム教を論じてマホメットを忘れるような話ではないか。

まさしく、そのような話。

だから、摩訶不思議。

でも、道頓堀の獺《かわうそ》騒動よりも不思議このうえない話なので、今ここで、読者の注意を喚起しておきたい。

こんなありさまだから、日本人の「皇国史観」観も、とんでもなく、歪《ゆが》みっぱなしである。

研究者、学者、著名な評論家を含めて。

「皇国史観」とひとくちに言ったって、
(1) 栗山潜鋒《くりやませんぽう》（一六七一〜一七〇六）を代表とする崎門《きもん》の学の皇国史観。当時まだ、「皇国」という用語《ターム》はなかったが、説明の便宜のために、ここに使用しておきたい。
(2) 平泉澄《きよし》博士の皇国史観。同博士は、この用語を好まなかったが。
(3) 戦前・戦中（終戦直後）までの日本文部省製作の国史教科書、修身教科書などにおける皇国史観。
これら三者は、卒爾《そつじ》にして一瞥《いちべつ》を投ずるときには、あるいは似ているような気もしてこようが、よく読んでみると、全然、ちがったものであることに気付くはずである。

それなのに、学者、評論家どもが、見境もなく混同しているとは、一体全体、どういった了見なのだろう。

まことに不思議千万。

不思議ついでに、不思議な話をもうひとつ。

戦前・戦中の国史（上下二冊）、修身の教科書。「皇国史観」のかたまりと思いきや。

皇国史観のイデオローグ、プロタゴニスト（主役）、元祖開山たる浅見絅斎について一字も書いてないのである。絅斎は、完全に抹殺されているのである。

マルクシズムに関する教科書からカール・マルクスの名を抹殺するような話ではないか。

絅斎に代わって文部省教科書の主役《プロタゴニスト》は、二宮金次郎。

二宮金次郎は、教科書のヒーローであるだけではない。ほとんどあらゆる小学校には金次郎の銅像が建てられ、「手本は二宮金次郎」なる文部省唱歌まで作られた。

二宮金次郎のイデオロギーは何か。

カルヴァン派のような禁欲的プロテスタント流の「世俗内禁欲」である。勤勉の哲学の結果である。

『西国立志編』を連想させるイデオロギーである。

何のことはない。資本主義の精神の一変種。

「皇国史観」とは言うものの、その実体は、資本主義の精神に変身をとげていた。

ここに、戦前・戦中における「天皇」イデオロギーの謎の一つがひそむ。

第8章

死と復活の原理

天皇神格主義と善政主義

承久の乱によって、古代天皇イデオロギーは死んだ。

天皇予定説は消えた。

天皇イデオロギーの教義の一つは、天皇は是非善悪を越えている。天皇が正しいことをするのではない。天皇がすることだから正しい。

キリスト教の神としての神格をもつ。かかる神を原像として出現した近代絶対君主としての人格をもつ。

「神が宇宙において正しいがごとく、絶対君主は、彼が主権をもつ国家において正しい」（丸山真男『現代政治の思想と行動』より）

この考え方が、儒教からも仏教からも決して出てくることがない理由については、すでに詳論した。

天皇は、かかる神格を有するがゆえに、「前以《もっ》て存在している」。社会の倫理道徳の立場から天皇に従わないことは、日本人としては義《ただしきこと》からはずれる。

ゆえに、そんな輩《やから》は日本から出て、インドか中国か、外国へ行ってしまえ。

これ、頼朝の論理であり、明恵上人の論理である。

この天皇神格主義が、承久の乱によって否定されて、善政主義（儒教にいう湯武放伐論《とうぶほうばつ》、易姓革命論）に代替される。

敷衍《ふえん》しておく。

泰時は、幕府軍をひきいて鎌倉を出発するに際して、無条件降伏論を主張した。儒教イデオロギーと、これほど対極的なイデオロギーはない。儒教においては、天下を天子の私有財産であるとは絶対に考えない。だからこそ、易姓革命。

湯《とう》王は、軍事力で桀《けつ》王を南巣《なんそう》に追放して自分が王となった。殷《いん》の最後の紂《ちゅう》王も暴政をしいた。そこで周の武《ぶ》は、紂王を牧野《ぼくや》に伐《う》って焚死《ふんし》せしめ自分が王になった。

湯武放伐論をめぐっては、孟子と斉の宣王《せんのう》との応答が、よく知られている。


斉の宣王が孟子に質問した。「湯王は桀王を放ち、武王は紂王を伐った。臣下がその君を殺したのだが、こんなことがあってもいいものだろうか」。孟子は答えて言った。「仁をそこなう者を賊《ぞく》といい、義をそこなう者を残《ざん》といいます。残賊《ざんぞく》の人は、もはや王ではなく普通の人です。武王は、普通の人たる紂を死刑にしたので、君主を殺したのではありません」と（『孟子』梁恵王章句下　八）。


古来、有名な件《くだり》である。儒学は日本人必須の科目であったから、当時の人びとはもちろん、孟子の立論はよく知っていた。

しかし、当時の日本人は、孟子の説を容認しなかった。『孟子』を輸入しようとするとそれを載《つ》んだ船は、途中の海上で暴風雨のために沈没するとまで言われた。当時の日本人の気持を忖度《そんたく》しての謂《い》いであろう。

孟子流の善政主義（湯武放伐論）は、日本人の受けいれるところではなかった。

丸山真男は、解説して言う。

暴君はシステムの調和を攪乱した。易姓革命は、この暴君を放伐してシステムの秩序を回復することである、と。


禅譲放伐の正統性の前提にあるのは、春夏秋冬の規則正しい自然の循環と、平天下の「秩序」との間の相関と調和という思想である。

桀《けつ》・紂《ちゅう》のような暴君はこのシステムの調和を攪乱することによつて、君主の資格を喪失して孟子のいう「一夫」（梁恵王下）になり果てる。「革命」とはこの一夫を放伐してシステムの秩序を回復することにほかならぬ。（丸山真男「闇齋学と闇齋学派」『日本思想大系31 山崎闇齋学派』岩波書店　654、655頁）

儒教の考え方は、いわば、政治万能主義である。政治よければすべてよし。政治の主要目的は、いまの言葉でいう経済。国民生活の保障。

しかるに、泰時の思想は、「日本は天皇の私有財産である」という考え方にほかならない。

儒教思想、仏教思想のどこからも、右のごとき思想が出てくる余地はない。断じてあり得ない。毫釐《ごうり》も。

しからば、この思想、いかなる思想と同型《アイソモーフィック》（isomorphic）か。

啓典宗教（ユダヤ教、キリスト教、イスラム教）、とくにキリスト教思想である。

人間はじめ被造物は、すべて神の私有財産であるから、これをいかに処分するかは、まったく神の勝手であって、被造物はこれに対して少しの反抗も許されない。神のなすままに任せるほかはないのである。

パウロは断言しているではないか。重ねて引用する。

> 神《かみ》に口答えするあなたは何者《なにもの》か。造《つく》られた者《もの》が、造《つく》ったものに向《む》かって、「どうしてあなたは私をこのように造《つく》ったのか」と言《い》えようか。（「ローマ人への手紙」第9章　20）

右のキリスト教的所有概念を基礎にして、近代法の「私所有権」が形成される。

近代法の「所有」は、それ以外の所有とは決定的に異なる。

近代法の「私所有権」があってはじめて、近代資本主義社会は、発生し、発達し、作動してゆくことができる。

近代法の「私所有権」とはいかなるものか。

> 「私所有権」は、客体に対する全包括的・絶対的な支配権である。（川島武宜『日本人の法意識』岩波新書　62頁）。

とは、どういうことか。

それは、

> 客体に対するあらゆる支配を含むところの全包括的な権利である。（同右　64頁）

要するに、所有物に対して、どのような行為をもなしうる、ということである。


民法では、これについて使用、収益、処分という表現をとっている（206条）

「所有」物に対する右のような権利は、近代以前の社会においては成立しなかった。

自分の私有物を、どのように使用、処分してもよい。

それが正しい。誰もそのことについて文句は言えない。

これは、キリスト教思想である。キリスト教から出てきた、近代法「私所有権」の思想である。


泰時（彼だけではないが）は、天皇と日本国との関係においては、この思想の上に立つ。

いわく、「国は皆《みな》王土にあらずという事なし」。

日本国は、天皇の私有財産である。

だから、天皇がこれを、いかに利用、処分しようとも。

それが正しい。誰もそのことについて文句は言えない。いわんや抗戦するなんて、もってのほかである。

と言って、泰時は義時を諫めた。

官軍に抵抗するなんて、とんでもない。無条件降伏をしよう。

これが、天皇イデオロギーのエッセンス。

幕府軍総司令官たる泰時の思想と行動すらなお右のごとし。

この天皇イデオロギーは、当時における支配的思潮であった。

天皇イデオロギーのイデオローグ明恵上人は、エッセンスを要約して言う。

「天皇が臣下の命を無理に奪うといえども、だまって殺されるのが義《ただ》しいことである」と。

一匹の蜂の生命さえ惜しんでやまない明恵上人。終身、釈迦を父と仰ぎ、自ら遺子と称した明恵上人。

その明恵上人が、このように断言しているのである。

天皇イデオロギーの神髄、知るべきのみ。

無条件降伏論者泰時も義時を諫《いさ》めて言う。

「易々《い》として死刑にされる。それが正しい」

こう言っているのである。

右が、支配的イデオロギー。

善政主義（湯武放伐論）は、毫釐《ごうり》も見当たらない。

善政主義（易姓革命論）が出てくるのは、義時の泰時に対する反論においてである。

お前の言うことはもっともであるけれども、天皇の命令を守らなければならないのは、天皇の政治が正しい時のことである。

ここに天皇の絶対性は否定された。

正統性の根拠は、天皇から善政へ移ったのであった。

だから、天下の人の歎きにかわりて軍事力を行使するというのである。

これ、湯武放伐の思想である。易姓革命の思想である。

逆賊といえども、必敗せず

それに、もうひとつ。

天皇神格主義が否定されるとともに、逆賊必敗論も否定される。天皇イデオロギーからすれば、天皇に武力で抵抗することは大きな罪である。だから、罰が下される。

もっとも覿面《てきめん》な罰は、敗北が必至であるという罰である。


朝敵となるものは神罰を蒙《こうむ》りて必ず敗軍すべき運命にありと。（山路愛山『足利尊氏』20頁）

愛山は、太平記をはじめとする当時の文献を検討して、「是《こ》れ実に当時に於ける信仰なり」と結論している。彼は、保元物語、平家物語、源平盛衰記などのごとき鎌倉時代の中葉までに書かれた書によれば、当時の人びとは「皇室に向って兵を挙ぐるものは必ず敗軍すべき運命を有す」と信じていた（同右　103頁）。

天皇がもつ赫然《かくぜん》たる軍事カリスマ（神の恵み）である。

仏教では、天皇の軍事カリスマを説明していわく。法華経護持の三十番神が天皇を守っているのだと。日蓮上人の説教の、いわばネガではないか。日本人は法華経をないがしろにするから神々が去って日本を守る神がいなくなった。だから外国が攻めてくるんだ、と。皇室は、そうではなくて、法華経を重んずる。だから三十番神が皇室を守って皇室は安泰。皇室に反抗するものは、諸仏諸経の怨敵《おんてき》だから、あっというまに仏罰も下って敗軍は必至。

天皇の軍隊には、神も仏もついているんだから、これは無敵。これに手向ったら、神罰仏罰直ちに下って必ず敗れる。

当時の人びとは、固く信じ切っていた。

だから、当時の武士は、軍事行動を起すときには、必ず、院宣《いんぜん》（上皇の命令）をいただく。当時の天皇は幼少で、上皇が政治をしておられたからである。

院宣がないと無名の師（大義名分のない軍隊）になってしまう。

それだけではない。神仏の加護が得られなくて敗けるであろう。

どうしても院宣が間に合わないときには。仕方がないので、令旨《りょうじ》で間に合わせるしかない。例えば、平家の圧政に抗して、諸国の源氏は、以仁《もちひと》王の令旨を奉じて反平家の兵をあげたのであった。

武士団の、天皇の正統性に対する服従と軍事カリスマの信仰は、かくほどまでのものがあった。

ときの執権北条義時も、このことはよく知っていた。すでに述べたように、将軍実朝は、朝廷に対しては絶対忠誠を誓う尊王家。大政奉還のご命令があれば、喜んで奉還するつもりでいた。

が、幕府の実権をにぎっている義時は、大政奉還絶対反対。

実朝暗殺の計画が着々と進んでいたにちがいない。実朝には子供がない。義時は、頼朝未亡人政子を京都に派遣して後鳥羽上皇の皇子の一人を宮将軍として東下させることを懇願した。

いくら権力があっても、義時自身が将軍になるなんて、思いも及ばないのである。

この点、中国とはちがう。中国の例だと、ながく実権をにぎった権力者は、必ず簒奪《さんだつ》する。枚挙にいとまがないというよりも例外はない。

日本では、血のカリスマが決定的意味をもつ。

源家の嫡々《ちゃくちゃく》が絶えれば、ここは皇族将軍でなければならない。皇族将軍は後に実現するが、実権者義時の方寸にあったのは、皇族将軍であった。

後鳥羽上皇も、天皇カリスマの巨大な威力に確信をもっていた。

ひとたび院宣を下せば、諸国の武士や寺院は、これを奉ずるであろう。あるいは、義時自身だって。

後鳥羽上皇は、摂津の国、長江、倉橋両荘の地頭を罷免することを幕府に命じた。両荘は、上皇の寵妃伊賀局亀菊のものであったが、地頭が領主亀菊の命令に従わなかったというのが罷免理由であった。

幕府はジレンマにおちいった。

命令に従えば、幕府権力の基礎たる地頭任免権は朝廷に召し上げられることになる。実質的な大政奉還である。勲功と罪科による地頭任免権を幕府がもっているからこそ、武士は幕府に服従する。

拒否すれば。

院宣違反として、幕府追討の口実を与えることになる。
幕府は拒否した。
承久三年、義時追討の院宣・宣旨が下った。
幕府危急存亡の秋《とき》である。
幕府の運命は、武士の去就にかかっている。
院宣・宣旨に従うか。
幕府の命令に従うか。
武士は途方にくれた。
幕府の有力な武士でも、直ちに朝命を奉じた者も多かった。
幕府から派遣されていた京都守護二人のうちの大江親広は躊躇《ちゅうちょ》なく朝命を奉じている。
一天の君の仰せなんだから、日本の武士たるもの、どうしてもそむくことはできない。
これが当時の武士の意識であった。倫理であった。
天皇イデオロギーは生き、頼朝の教育は徹底していた。
が、前章に示した頼朝未亡人二位尼政子《にいのあまままさこ》の演説が、状況を一変させた。

神国思想の変質

天皇の軍隊の敗北によって、赫然《かくぜん》たる天皇の軍事カリスマは消えた。それとともに、「天皇は神なり」という天皇イデオロギーもまた。

「神勅的正統性にとって「肇国《ちょうこく》以来」の大事件となったのは、いうまでもなく日本帝国がポツダム宣言の無条件受諾によって第二次大戦を終結させたことであった」と丸山真男は言う（丸山　前掲論文「闇齋学と闇齋学派」　662項）。

無敵皇軍の敗戦によって、天皇の軍事カリスマは消えた。それとともに、天皇の軍事カリスマに基礎をおく大日本帝国も滅んだ。

まさしく、承久の乱は、昭和二十年の敗戦同様に、日本史に一新時代を画した事件であった。戦争の前後で、人びとの態度は一変した。

あたかも、敗戦の前後で、昭和の人びとの態度が一変したように。

カリスマが消えれば、人は変身する。

実に、承久の乱を境に、天下の空気は一変した。思潮は一変した。天皇イデオロギーは死んで、善政主義（湯武放伐論）が、支配的となった。

天皇は何をしても正しい。天皇が正しいことをするのではない。天皇がすることだから正しい。

天皇のキリスト教的神性は失なわれた。天皇イデオロギーは、ひとたびは死んだ。十字架上のイエス・キリストのごとく。

天皇のいかなる行為でもすべて正しいとするものは、もはやいなくなった。

北畠親房の『神皇正統記』は言う。

戦争で民衆が苦しんでいる。だから、戦争をやめさせて民衆を戦争の苦痛から救った者が正統である、と。

ここに幕府の正統性根拠をおく。万民の肩をやすらいだから、幕府という政権は正統である、と。

これ孟子流の善政主義（易姓革命論）ではないか。

幕府以上のよい政治をしないで討幕の軍を起したからとて、どうして幕府をくつがえすことができよう。

これ、孟子主義である。

天皇イデオロギーによれば、天皇の軍隊は必ず勝つ。

孟子によれば、王者（よい政治を行う者）の軍隊は勝つ。

これ、孟子全体を貫く教義《ドグマ》である。『孟子』に、くどいほど繰り返される主張である。

周の武王が殷の紂王《ちゅうおう》を討ったときには、その兵力たるや、きわめて僅少の軍隊にすぎなかった。

それでも、武王は勝った。

殷の人民が武王に帰服したからである。武王は宣言した。わしはお前たちを安心させるために来たんだ。わしの敵は紂王でおまえたちではないぞ、と。これを聞いた殷の人民は武王に抵抗しなかった。

『孟子』は、同様な例を、全篇いたるところで挙げている。

「天皇に抵抗する者は神罰をこうむりて必ず敗軍すべき運命にあり」とする思想からの百八十度の方向転換ではないか。

つぎに、親房は正義の戦争について論じている。

義時久しく彼が権をとりて人望にそむかざれば、下《しも》にはいまだきず有といふべからず。（『神皇正統記』）

義時は人望にそむかない。だから彼に罪があるとはいえない。
民心は天意である。だから、民心を得た者が正しい。
これはまた、孟子の論理。
孟子の論理は続く。
承久の乱の戦争責任は、朝廷側と幕府側とのいずれにありや。
親房は断ずる。

一往のいわればかりにて追討せられんは、上の御とがとや申すべき（同右）

幕府側に失政もないのに、地頭罷免要求拒否ていどのことで、軍事行動を起されたのだから、戦争責任は朝廷側にある。

かかれば時のいたらず、天のゆるさぬことうたがひなし。（同右）

朝廷側がわるい。

それゆえ、天は許さず、朝廷側が敗北したのは当然である。

親房は、ここまで言い切っている。

この思想、神国思想ではない。孟子の思想である。湯武放伐（易姓革命）の思想である。いや、善政主義（易姓革命主義）は、神国思想の奥深い所まで侵入してきた、と言うべきか。

『神皇正統記』は、延元四年（一三三九年）常陸《ひたち》の小田城にて完成された。建武中興が足利高氏によって破られ、後醍醐天皇方の主だった諸将楠木正成、北畠顕家、新田義貞らあいついで戦死。

延元四年八月十六日、後醍醐天皇は吉野にて崩御した。後村上天皇（十二歳）輔佐の大任は親房の双肩にかかった。が、このとき親房は吉野にはいない。そこで、後村上天皇および吉野にあって直接輔佐する人びとのために書かれたのが『神皇正統記』である。

その『神皇正統記』すら、孟子思想の浸潤《しんじゅん》かくのごとし。

承久戦争敗戦の結果、神国思想は変質した。神勅的正統性を根拠とする天皇イデオロギーは『神皇正統記』は、「神国思想」のバイブルであるといわれる。

死んだのであった。

天皇イデオロギーが死んで、武士の世は完成をみた。

承久の乱以後、皇位継承は必ず北条氏の干渉するところとなった。では、朝廷の意見と幕府の意見が対立した場合にはどうする。幕府（北条氏）は意見を押し通したのであった。幕府は、立坊《りつぼう》（立太子）のことはもちろん、院政にまで干渉した。上皇が院政をやめて当今《とうぎん》（今上天皇）に政治をお返しになるときにも、関東に使者をつかわして幕府と相談をしなければならなかった。西園寺家は、承久以来、ずっと幕府の味方をしてきたので、急に羽振りがよくなった。官は太政大臣にいたり、位は一位にきわまり、立后も多くこの家から出るようになった。

北条氏の朝廷に対する態度すらかくのごとし。将軍のごときは、恭《うやうや》しく皇子をむかえたが、実は、北条氏の傀儡《かいらい》。

気にくわなければ京都にかえし、べつの皇子をむかえる。

北条氏の権力は確立した。

しかし、実権は、しだいに内管領《ないかん》へと移って行った。とくに北条氏末期においては、幼い執権が多く、権力は北条氏を去っていった。

それにしても、日本の政治制度の不思議さよ。中国人、高麗人・朝鮮人の理解を絶するところであった。

天皇か上皇か。摂政もしくは関白か。将軍か執権か内管領か。主権者とおぼしき者が六人あったわけである。

正統的主権者は、もちろん天皇。

法的には、天皇が、天皇だけが日本の主権者。

しかし、その後、摂政、関白なるものあらわれて、政権はこれに帰した。

その後、上皇、政権をとりたまう。これを院政と呼ぶ。こうなると、天皇の政治代行者たる摂政も関白も要らないはずである。「はず」ではない。全くの無用の長物。しかし、摂政も関白も、最高官として機能を変じて残った。摂政あるいは関白は、内大臣でも宮中席次は太政大臣の上であった。

これ、日本的制度の、世界にもまれな特異性。

特殊日本的制度の重畳性は、幕府においてはもっと長くなる。

武家政治といえば、将軍（征夷大将軍、右大将）が政治権力者。

頼朝一代はまさにそうであったが、権力はしだいに北条氏へと移っていった。承久戦争後の宮将軍は虚職を擁《よう》するのみ。権力者は執権。

ところが、北条氏末期には、内管領が権力者になった。

このとき、執権高時は何をしていた。

闘犬、田楽にふけって、政治をかえりみないのであった。

賄賂《わいろ》横行し、北条氏へ反旗をひるがえす者しきりに現われた。

建武の中興と天皇の正統性

北条氏は、天下の衆望を失った。

これを御覧になって後醍醐《ごだいご》天皇は、高時を追討して北条氏を滅ぼし、政権を奪回したもうた。

建武中興である。

その後、足利高氏が天皇にそむいて政権を樹立し、天皇は吉野に去って建武中興は崩壊した。

後醍醐天皇は、あくまでも正統性を主張して朝廷を開いた。吉野朝である。歴史家はこれを南朝と呼ぶこともある。

他方、高氏も、血のカリスマの背景がないと正統性が得られないことを知っていた。

京都に「天皇」を立てて、その命令によって征夷大将軍に任ぜられたことにした。京都の天皇の「朝廷」を歴史家は北朝と呼ぶこともある。

日本歴史で、空前絶後の時代である。

吉野に南朝あり、京都に北朝あり。

二人の天皇が併存した。二つの朝廷が併立した。

吉野の朝廷は、あくまで正統性を主張してゆずらない。『神皇正統記』が書かれたのも、その正統性を証明するためであった。

が、南風競《なんぷうきそ》わず。

吉野朝は、しだいに追いつめられていった。

そしてついに、一三九二年、後亀山天皇が後小松天皇に三種の神器をゆずるというかたちで、南北両朝は統一。

吉野朝（南朝）は、ギリギリのところで正統性をみとめさせて名を取った。

が、実を取ったのは北朝側であった。

北朝の後小松天皇は、南朝の後亀山天皇の禅譲を受ける形式で統一天皇となった。

その後は、南北交替で、かわるがわる統一天皇になる約束であった。

が、北朝側は、この約束を守らなかった。

その後の天皇は、ずっと北朝系で今日に及んでいる。

そこで、南朝が正統か北朝が正統かをめぐって、大論争が起きた。

この大論争は、徳川時代をつうじて激しく戦わされ、余波は明治から昭和初年にまでも及ぶ。

この大論争の争点《イシュー》のひとつは、南北朝のいずれが正統であるか。

もうひとつの争点は、建武中興は何故《なぜ》、失敗したか。

徳川時代をつうじて、大論争がくりひろげられていった。

そして、この大論争の過程を通じて、承久の変で死んだ天皇イデオロギーは復活してゆくのであった。

天皇は神である。

天皇が正しいことをするのではない。天皇がすることだから正しい。

これが、天皇イデオロギーの教義《ドグマ》。

この教義が復活した。

復活することによって、天皇は「真の神」となった。

カルケドン信条における「真の神」のごとき神となった。これぞまさしき、キリスト教的神である。

カルケドン信条における神

イエス・キリストは、「真の人」であり、「真の神」である。

この信条が、ヘレニズムの人びとにとっていかに理解困難であったか。

アリウスとアタナシウスの大論戦として、宗教史上、赫然《かくぜん》と知られる。

アレクサンドリアの長老アリウスは、「神の本質はいかなる分割も許さないものであるから、キリストといえども神に従属するものでなければならない」とした。

アタナシウスは反論して言った。「イエス・キリストは、本当の神性をもち、神と同一である」と。

もちろん、イエス・キリストが人であることを否定はしない。すなわち、イエス・キリストは、「真の人であり」「真の神である」。

アタナシウス派とアリウス派とは、論争につぐ論争。論争は果てしなく続く。どこまで続く論争ぞ。

これを見ていたコンスタンチヌス大帝。これはほってはおけぬワイ。

キリスト教の最大の効用の一つは、超能力にある。神秘能力にある。

コンスタンチヌスは、三一二年、夢にあらわれたイエス・キリストのお告げでマクセンティウス相手の戦争に勝ったという伝説がある。

この戦争の前後頃から、コンスタンチヌスは、急速にキリスト教へ接近してゆく。

キリスト教の神秘能力に期待するところが大きかった。神秘能力はどこから来るか。

イエス・キリストは神であると確信すればこそである。

あれやこれやの理由で、コンスタンチヌス大帝は、アタナシウスを支持することにした。

コンスタンチヌス大帝は、三二五年、ニケーアに公会議を召集した。

大帝は終始、議長として黄金の椅子に坐り、議場を睥睨《へいげい》していた。三百人以上の司教が出席したが、彼らの旅費や接待費のすべてが皇帝持ちであることは言うまでもない。

ほとんど全員一致で、アタナシウス派は正統、アリウス派は異端と決まった。

アリウス派は、帝国から追放された。

とは言うものの、コンスタンチヌス大帝は、もともと煩瑣《はんさ》な教義の細目なんかどうでもよい。

「キリストは神と同型（homoiousios）か同一（homoousios）か」素人が見ればたった一字·i、その有《あ》る無《な》しのちがいにすぎないではないかいな。えいっ、七面倒くさいわ。

コンスタンチヌス大帝の支持は、アリウス派とアタナシウス派とを行ったり来たりした。

大帝自身がこんな態度であったから、教義は、アリウス派とアタナシウス派の間で、激しく争われた。

イエス・キリストは神か。神に無限に近いけれども神ではないのか。

公会議につぐ公会議。

最後の決着をつけるため、マルキアヌス帝は、カルケドンに公会議を召集した。

このカルケドン公会議（四五一年）において、「カルケドン信条」と呼ばれる信条が宣言された。

「カルケドン信条」によると、「キリストは、真に神であり、真に人である」

やったあ。ついにキリストは、神になりきったのであった。

では、神と人とは、どのような関係に立つのであるのか。

いわく。神性では父なる神と同一である。人性において、われわれ人間と同一である。

肉体では人間である神。人間として現われた神。

これぞ、現人神《あらひとがみ》ではないか。

イエス・キリストは、ヘレニズム世界を、きわまりなく変転した後、現人神に収束したのであった。

日本人が知っているキリスト教の諸派は、ほとんど、「カルケドン信条」の信奉者である。

ローマ・カトリック、プロテスタント諸派、ギリシャ正教、ロシア正教もみんな。現人神派である。

アリウス派のなれの果ては。流れ流れてさすらって。今アメリカに、あるていど生息している。

キリストは神であるかどうかをめぐっては、熾烈《しれつ》な論争が繰り返された。この論争の重要さは、強調されすぎることはない。キリスト教を理解するためにも、キリスト教を補助線とする天皇教を理解するためにも。

キリスト教徒は、キリストを神とはしない者でも、何か神に近い者とはする。

たとえば、神と同型である。神の影である。（その他の人間とは根本的にちがった）最高の被造物である。エトセトラ。

それでは、キリストをただの人間であるとする宗教はないか。

キリスト教の宗派には、それはない。

イエス・キリストはただの人間であると主張したならば、それは、キリスト教ではなくなってしまう。

「カルケドン信条」においては、人性においては、われわれと同じ人間であるとしながらも、それと同時に、二極性の極限としてキリストの神性を最高にまで高めて真の神としてしまっているではないか。

イスラム教ではキリストはただの人

キリスト教内の宗派としては、イエス・キリストをただの人とする宗派はあり得ない。

では、キリスト教の外では。キリストをただの人とする宗教はあり得るか。

あり得る。現に、ある。

イスラム教である。

イスラム教においては、イエスをきわめて高く評価する。

コーランを虚心に読めば、必ずや、次の結論に達するにちがいない。

イエスは、最終預言者マホメットに次ぐ第二の預言者である。『コーラン』は、イエスをめぐって、とくに二章を立てている。第3章、イムラーン一家。第19章、マルヤム（聖母マリア）。

また、福音書はコーランに次ぐ第二位の経典である。他の二つは、預言者ダーウード（ダビデ）に下されたサブール（『詩篇』）。預言者ムーサー（モーセ）に下されたタウラー（トーラーすなわちモーセ五書）。

が、もちろんイエスの神性は断乎として否定する。イエスが神だなんてとんでもない。イエスもただの人間にすぎないことを、繰り返し強調する。イエスを神だなんていうのは、たいへんな間違いである。

「神はすなわちマルヤム（マリア）の子救主《メシア》である」などと言う者は無信の徒《やから》。（『コーラン

上』井筒訳　五　食卓　七六［七二］　160頁）

マルヤムの子救主《メシア》はただの使徒に過《す》ぎぬ（キリストの神性の否定）。彼以前にも使徒は何人も出た。また彼の母親もただの正直な女であったに過ぎぬ。二人とももものを食う（普通の人間）であった。（同右　七九［七五］　160頁）

もっとも、最後の預言者マホメットも、ただの人間にすぎないと宣言している。

わしはお前がたと同じただの人間にすぎぬ。（『コーラン　中』一八　洞窟　一一〇　126頁）

ただの人間にすぎないのだが「お前がたの神は唯一なる神とのお告げをわしは受けている」（同右）。

イスラム教とキリスト教との根本的なちがいは、イエス・キリストの解釈にあるべきであろう。

イスラム教では、イエス・キリストに一片の神性をも認めようとはしない。神に近い、神と同型である、神の影である、ただの人間とはちがった最高の被造物である……このようなことは、一切みとめない。

みとめる余地は全くない。あり得ないのである。最後の預言者マホメット、福音書を含めて諸経典の最終解釈を神《アッラー》に教えてもらったマホメットすら、ただの人間にすぎないではないか。

イスラム教では、ただの人間とちがった、特別製の人間の存在を絶対にみとめない。

イエスも、ただの人間にすぎない。福音書の価値がどれほど高かろうとも、畢竟《ひっきょう》その価値は、神《アッラー》が教えたまいしものであるからである。

キリスト教徒にとっては、福音書の著者は、イエス・キリスト。神と同一たるイエス・キリストの言行《げんこう》を記してあるから、福音書は最高の経典。

イスラム教徒にとっては、福音書の著者は、神《アッラー》。イエスは、これを神《アッラー》から授かった。神《アッラー》が教えたもうた書だから、福音書は、きわめて高い経典。

かかる高い経典を授かったイエスといえども、ただの人にすぎない。最高の経典を授かったマホメットですら、ただの人にすぎないのだから。

イエスは、いかなる意味でも神に近い人間ではない。ただの人間とはちがった特別製の人間ではない。断じて、そんなことはあり得ない。

いわんや、「カルケドン信条」が宣言するがごとく、真の人であるとともに「真の神である」などということは絶対にあり得ない。そんなことをいう輩《やから》は、許すべからざる不信の徒である。

ということは、どういうことか。イスラム教の論理では、現人神《あらひとがみ》は出て来ない。

読者のための練習問題。ユダヤ教の論理からも現人神は出て来ないことを証明せよ。

ヒント。ユダヤ教においては、いかに偉大なる預言者といえどもただの人である。いかなる神性をおびるものでもない。例えば、ユダヤ教の始祖とされるモーセ。モーセのなせる奇蹟の作者《オーサー》は神。モーセはただ唯々《いい》、神の命令に絶対服従するのみ。ちょっとでも神の命令にさからうことをすれば、たちまち、神は怒りて、約束の地に入ることを禁じたもう。モーセは約束の地を見ることなく死んだ。

最高の預言者モーセすら、なおかくのごとし。

いかなる人間も、少しの神性を帯びることは絶対に許されない。

神と人との断絶は絶対である。

「人にして神」とは、ユダヤ教において、あり得ぬ概念である。

経典宗教の中で、現人神があり得るのは、キリスト教にかぎる。ユダヤ教、イスラム教においては、絶対にあり得ない概念である。

いずれにせよ、イエス・キリストの神格は、復活により確立された。

生前には、イエスとは何者であるかをめぐって論争が繰り返されているではないか（福音書のいたるところで）。

例えば、イエスの弟は、イエスの生前にはイエスを信じなかった。しかし、復活したイエスに会ってから彼を信ずるようになる。

福音書を虚心に読む者は、十二使徒の信仰のうすさに一驚を喫するであろう。


シモンは、「主《しゅ》よ、私はあなたとともに牢獄《ろうごく》にも死《し》にも行く覚悟《かくご》です」と言《い》ったが、イエズスは、「ペトロよ、私はあなたに言《い》う。今日雄鶏《おんどり》が鳴くまでに、あなたは私を知らぬと三度否《いな》むだろう」と言《い》われた。（「ルカによる福音書」第22章　33〜34）。

ペテロの否認はまた、「マタイによる福音書」第26章　31〜35。「マルコによる福音書」第14

章　27～31。「ヨハネによる福音書」第13章　36～38　にある。

その後、ペテロは、イエスを、あんな人は知らないと三回、そう言った。周知の話である。イエスの後継者で初代法王といわれるペテロすら、なおかくのごとし。同様な話は、あまりにも多い。「裏切り者」は、ユダだけではなかったのである。この種のストーリーは、明治から昭和初期の日本人には、よほど気にさわったのだろう。十二使徒は、何という不忠な奴だ、とか何とかいう非難が絶えなかった。矢内原忠雄なども言っている。十二使徒なんていったところで、人物はたいしたことなかった、なんて。もっと激しい人になると、主《しゅ》を守るために生命を棄てた弟子が一人もいないなんて何とも解《げ》しかねる。たとえイエスを救い出せなくても、ローマ兵の槍衾《やりぶすま》に突撃する弟子の一ダースや二ダースいてもよさそうなのに。

ああ、クリスチャンに一人の忠臣なきか。

イエスの神格が確立されたのは、十字架で死んで三日後に復活してからである。

生前のイエスを信じない者も、復活後のイエスは神であると固く信ずるようになった。

イエスの生前、キリスト教はまだ存在していなかった。イエスの死後、キリスト教は歩みはじめた。

イエスは、復活によって、真の人、真の神になった。

死んで、また復活。

これが、キリスト教の根本教義。

復活を信ずれば、それだけで救済される（「ローマ人への手紙」）。

天皇の復活

神としての天皇の死と復活の過程も、これと同型。

「天皇は神である」とする古代以来の天皇イデオロギーは承久の乱で死んだ。

そして、崎門《きもん》の学を中心とする論争過程を通じて幕末に復活する。

この死と復活の過程を通じて、天皇の神格は確立された。真の人、真の神として。人間の肉体をもった神として。現人神《あらひとがみ》として。キリスト教的な神として。

古代天皇イデオロギーにおける神としての天皇は、神格があいまいであった。キリスト教的予定説的神としての神格は奥に沈み、汎神論的神としての神格が浮き上っていた。汎神論の神としての神格が浮彫《うきぼり》にされると、それと結びつく人のほうは、ただの人に流れ易い。預言者的人格とは結び付きにくいのである。

マホメットは、イエスも、ものを食う普通の人間である、とした。

古代における（とくに平安時代においては）天皇は、ものを食い、恋をし、和歌をよみ、スキャンダルをも辞さない普通の人である。

万葉集においては、「皇《おおきみ》は神にしませば、」という思想が一貫している（皇《おおきみ》は神にしませば天雲の雷《いかずち》の上にいおりせるかも。柿本人麻呂）。

天皇への絶対忠誠心もまた和歌に関しては、万葉時代から、天皇の御製だけを特別扱いにするという方法はなかった。

ましてや、それが、古今、新古今になると、天皇はぐっと「普通の人」である。源氏物語となると。天皇の神格は背後に退き、普通の人としての役割を演じているではないか。

いずれにせよ、予定説的絶対神としての神格は冬眠状態である。天皇イデオロギーが死んで復活するという過程を経ることにより、天皇の予定説的絶対神としての神格は確立されたのであった。

新天皇教が歩みはじめた。

この復活は、湯武放伐（易姓革命）の否定。そのための論争というかたちを経過してなされた。

孟子理論の否定によってなされた。

われわれはすでに、神国日本思想のバイブルとまで言われる『神皇正統記』の中にも善政主義の侵入を見た。

徳川幕府は儒教を国教（ないし国教に近いもの）とした。家康は経書のうちとくに孟子を愛読した。「およそ天下の主たらん者は。四書の理に通ぜねばかなわぬ事なり。もし全部しる事叶《かな》はずば、よく〳〵孟子の一書を味ひ知るべきなり」と言ったと伝えられる（東照宮御実紀附録巻二十二（増補国史大系第三十八巻　３３９頁）。丸山真男『日本政治思想史研究』13頁）と。

家康は、孟子をこれほどまでに重んずる。

しからば、家康の湯武放伐についての見方は。

慶長十七年三月、駿府で林羅山と湯武放伐について問答し、羅山「湯武の天命に応じ人に順ひて桀紂《けっちゅう》を伐《うち》しも、はじめより己が身の為にせむの心なく。たゞ天下の為に暴悪を除て。万民を救はんとの本意なれば。いさゝかも悪と申すべからず」として放伐を絶対的に肯定したのに対し家康は「其説の醇正《じゅんせい》にしてかつ明晰《めいせき》なる」に感じたという話が残っている。（丸山同右　13頁）

あきらかに家康は、湯武放伐絶対肯定の立場である。

この立場で家康は儒教を幕府に導入したのであった。

武家政治は頼朝から始まったが、幕府の権力を最大限にまでもっていったのが徳川氏。権力が最大になるとともに、革命思想もまた最大限にまで貫徹された。『神皇正統記』に浸透していた孟子思想は、家康によって、幕府欽定《きんてい》イデオロギーの中枢に据えられたのであった。

周知のように、天皇権力は、徳川幕府によって最低にまで押し下げられた。

政治の世界において勅令、院宣が実効性を完全に失なっただけではない。幕府は朝廷の内部にまで干渉してきたのであった。

元和元年（一六一五年）、家康と秀忠とは、「禁中並公家諸法度」十七条を制定した。

この法度は、天皇、親王、摂家、などの公的行動の全般を規定したものである。

その第一条には、天子諸芸能之事、第一御学問也、と決められてある。

天皇は学問を第一に励め、とこう幕府が命令するということである。

エトセトラ。

天皇の行動ルールを幕府が作る。

幕府権力は史上最大となった。

天皇の権力は、史上最低となった。

そのことを如実《にょじつ》にあらわすのが紫衣事件である。

天皇は僧正に紫衣を着ること許される。これは、旧来、天皇の権限であった。

後水尾天皇は、大徳寺、妙心寺などの僧正九十余人に紫衣をたまわった。

秀忠は、『禁中並公家諸法度』違反を理由に、綸旨《りんじ》（天皇の命令）の撤回を要求してきたのであった。

綸言《りんげん》、汗のごとし、という。天子の言葉は、出たら最後、絶対に撤回することが許されない。天子自身によってさえ。

それなのに幕府は、綸旨《りんじ》の撤回を要求してくるとは。

後水尾天皇は嚇怒《かくど》されたがいかんともなせなかった。

天皇が臣下の指示によって命令を撤回するとは。

天皇権力は最低に押し下げられた。

これは、有名だけど、ほんの一例。

徳川時代をつうじて、天皇は幕府から、きびしい規制をうけていた。

明暦三年一月に起った江戸の大火で死者十万という惨害。

幕府は、これも天子の不徳のいたすところと、後西《ごさい》天皇に退位をせまった。天災人災も天子の責任とは儒教の考え方であるが、これは、とんでもない儒教の乱用。

その幕府儒教の中心をなすのが、孟子イデオロギー。湯武放伐論。易姓革命論。思想の論理から言えば、当然、幕府の打倒天皇イデオロギーの復活は、湯武放伐論の否定からなされなければならない。

ここに、崎門の学（山崎闇斎学派）の決定的意味がある。闇斎の高弟で『靖献遺言《せいけんいげん》』の著者浅見絅斎《けいさい》門下では、湯武放伐論を是とする者は打ちはたしてよい、という気風まであったとか。

何がなんでも、湯武放伐論を、うちてしやまん。

われわれは、崎門の学の展開に、これを見るであろう。

崎門の学の展開過程。

これぞこれからのテーマである。

徳川時代における儒学の発展過程の結果として、湯武放伐論の否定はなし得たのか。いかにして、崎門の学者は、朱子学の精緻なる論理を破り得たのであったか。

はじめにそれは、天皇（上皇）の非倫理性を徹底的に追求することによってであった。

水戸藩の栗山潜鋒《くりやませんぽう》（一六七一〜一七〇六）は、『保建大記《ほうけんたいき》』において、なにゆえに古代天皇システムが没落したか、古代天皇イデオロギーが死んだか、詳細に論じている。

『保建大記』は、谷秦山《たにじんざん》が異様なほど絶賛している書籍。谷秦山を、平泉澄博士は、最高の尊王学者と評価している。

栗山潜鋒は、「巻を掩《おお》ひて太息し、涕《なみだ》を斯《ここ》に垂《た》れ」つつ、上皇の非行を追求する。

潜鋒が泣く理由は、わが国の倫理が保元の乱を契機に致命的打撃をうけたからである。その結果、天皇システムが解体しはじめたからである。

自分で泣くだけでなく、これを見て涕をたれない者はないだろうとまで断言する。

ウルトラ・スーパー・大忠臣栗山潜鋒は、号泣しつつ、皇室の人びとの非道徳性を追求してやまない。

追求の熾烈さ。

皇室追求のあまりの過激さに、『栗山潜鋒集』は、伏字、また伏字。マルクシズム文献もはるかに及ばない空白の多さに、読者は意味を全くつかめないほどであった（戦前）。

潜鋒をはじめとする初期水戸学派（例。三宅観瀾《みやけかんらん》〔一六六二～一七一七〕）による徹底的追求を契機に、天皇イデオロギーは、死者の中で動きはじめた。

丸山真男のいう「反対方向性の共存を内包したバランスは毛筋ほどの差で崩れる」からである。

天皇の非倫理性が徹底していればいるほど、それと共存する反対方向性によって、天皇は絶対の高みへのぼってゆくのである。予定説の論理によって。

『靖献遺言』とその奥の院といわれる『拘幽操《こうゆうそう》』は、両者を媒介する雲梯《うんてい》の役割をはたした。

山崎闇斎は、拘幽操を編して、ここに、君臣の義の本質を発見した（此《こ》れ便《すなわ》ち是《こ》れ君臣之義を見得《みえ》たる処《ところ》なり）と言った。

そして、朱子の言葉、「拘幽操こそ文王の眞意を説きあかしたもので、これあってはじめて、天下において君臣関係は確定された」（拘幽操は文王の心を得き出せり。夫《そ》れ然《しこう》して後に、天下の君臣たる者定まる）をもって結んでいる。

西伯（のちに文王と諡《おくりな》される）は、このうえなく徳高く、天下の衆望をあつめている。その西伯が何の罪科《つみとが》もなく、ときの君主殷《いん》の紂王《ちゅうおう》に羑里《ゆうり》で、まっ暗な地下牢に入れられた。しかも、西伯は少しも恨むことなく、王のなすことはすべて正しいというテーマの拘幽操を作った。

これぞ、究極の君臣関係。

崎門の学は、ここに到着した。

崎門の学の展開過程を通じて、承久の乱で死んだ天皇は、現人神として復活した。

予定説の論理が作動を開始した。

明治維新へ一直線。

天皇は、眞の人で眞の神である。

天皇のなすことはすべて正しく、天皇は、いかなることをもなし得る。

天皇の奇蹟がはじまった。

小室直樹文献一覧（全集）

副島隆彦　作成

	年	文献
論文	1966年	「社会動学の一般理論構築の試み」（岩波書店『思想』）
		「構造機能分析と均衡分析」（『社会学評論』）
	1967	「構造機能分析の原理」（『社会学評論』）
	1968	「社会科学における行動理論の展開」（岩波書店『思想』）
	1969	「構造機能分析の理論と方法」（『社会学評論』）
	1972	「規範社会学」川島武宜編『法社会学講座4―法社会学の基礎2』（岩波書店）
	1974	「構造―機能分析の論理と方法」青井和夫編『社会学講座1―理論社会学I』（東京大学出版会）
第1巻	1976	『危機の構造 日本社会崩壊のモデル』（ダイヤモンド社、増補版1982年）。中公文庫、1991年、但し1976年版を文庫化
2	1980	『ソビエト帝国の崩壊 瀕死のクマが世界であがく』（光文社、のち文庫）
3		『アメリカの逆襲 宿命の対決に日本は勝てるか』（光文社、のち文庫）、以下略
4	1981	『新戦争論〝平和主義者〟が戦争を起こす』（光文社、のち文庫）、改題『国民のための戦争と平和』（ビジネス社、2018年）

5		『超常識の方法 頭のゴミが取れる数学発想の使い方』（祥伝社ノン・ブック）、改題『数学を使わない数学の講義』（ワック、２００５年）
6		『日本教の社会学』（講談社、山本七平と共著）、新版（ビジネス社、２０１６年）
7		『アメリカの標的 日本はレーガンに狙われている』（講談社）
8		『小室直樹の日本大封鎖 世界の孤児日本は生き残れるか』（対談集、ロングセラーズ）
9		『日本人の可能性』（プレジデント社、並木信義・山本七平と共著）
	１９８２	
10		『資本主義中国の挑戦 孔子と近代経済学の大ゲンカ』（光文社）
11		『日本「衆合」主義の魔力 危機はここまで拡がっている』（ダイヤモンド社）
―		『あなたも息子に殺される 教育荒廃の真因を初めて究明』（太陽企画出版）
―		『脱ニッポン型思考のすすめ』（ダイヤモンド社、藤原肇と共著）
	１９８３	
12		『田中角栄の呪い〝角栄〟を殺すと、日本が死ぬ』（光文社）
13		『田中角栄の大反撃 盲点をついた指揮権発動の秘策』（光文社）、新編『田中角栄 政治家の条件』（ビジネス社、２０１７年）
14		『日本の「一九八四年」G・オーウェルの予言した世界がいま日本に出現した』（PHP研究所・新書判）
15		『政治が悪いから世の中おもしろい 乱世に嵐を呼ぶ生き方』（KKベストセラーズ）、天山文庫、１９９０年。改題『政治無知が日本を滅ぼす』（ビジネス社、２０１２年）
	１９８４	
16		『ソビエト帝国の最期 〝予定調和説〟の恐るべき真実』（光文社）
17		『偏差値が日本を滅ぼす 親と教師は何をすればいいか』（光文社）
18		『親子関係は親分と子分だ 息子（娘）に脅える親に告ぐ』（ベストセラーズ・ワニの本）
	１９８５	
19		『韓国の悲劇 誰も書かなかった真実』（光文社）
20		『奇蹟の今上天皇』（PHP研究所）

21		『三島由紀夫が復活する』（毎日フォーラム）、新版（毎日ワンズ、2002年。新書判、2019年）、『三島由紀夫と「天皇」』（天山文庫）
22		『世界戦略を語る』（展転社、倉前盛通と共著）
	1986	
23		『韓国の呪い 広がるばかりの日本との差』（光文社）
―		『罵論・ザ・犯罪―日本「犯罪」共同体を語る』（アス出版、栗本慎一郎・長谷川和彦と共著）
24		『天皇恐るべし 誰も考えなかった日本の不思議』（文藝春秋ネスコ）、新版（ビジネス社、2016年）
	1987	
25		『大国・日本の崩壊 アメリカの陰謀とアホな日本人』（光文社）
26		『大国・日本の復活 アメリカの崩壊にどう対処するか』（光文社）
	1988	
27		『大国・日本の逆襲 アメリカの悪あがきにトドメを刺せ』（光文社）
28		『韓国の崩壊 太平洋経済戦争のゆくえ』（光文社）
	1989	
29		『中国共産党帝国の崩壊 呪われた五千年の末路』（光文社）
30		『昭和天皇の悲劇 日本人は何を失ったか』（光文社）
31		『消費税の呪い 日本のデモクラシーが危ない』（光文社）、『悪魔の消費税』（天山文庫）
	1990	
32		『ソビエト帝国の分割 日・米・独の分捕り合戦がはじまる』（光文社）
33		『アラブの逆襲 イスラムの論理とキリスト教の発想』（光文社）
34		『社会主義大国日本の崩壊 新自由市場主義10年の意識革命』（青春出版社）
	1991	
35		『ソビエト帝国の復活 日本が握るロシアの運命』（光文社）
36		『ロシアの悲劇 資本主義は成立しない』（光文社）
37		『日米の悲劇 〝宿命の対決〟の本質』（光文社）
	1992	

38		『信長の呪い かくて、近代日本は生まれた』（光文社）、増補・改題『信長 近代日本の曙と資本主義の精神』（ビジネス社、２０１０年）
39		『日本資本主義崩壊の論理 山本七平〝日本学〟の預言』（光文社）
40		『日本経済破局の論理 サムエルソン「経済学」の読み方』（光文社）、増補・改題『経済学のエッセンス』（講談社＋α文庫、２００４年）
	１９９３	
41		『国民のための経済原論 Ⅰ・Ⅱ』（光文社）
42		『「天皇」の原理』（文藝春秋）、新版（徳間書店、２０２３年）
43		『国民のための戦争と平和の法 国連とＰＫＯの問題点』（総合法令、色摩力夫と共著）
43の2		『自ら国を潰すのか「平成の改革」その盲点を衝く』（徳間書店、渡部昇一と共著）
	１９９４	
44		『田中角栄の遺言 官僚栄えて国滅ぶ』（クレスト社）、改題『日本いまだ近代国家に非ず 国民のための法と政治と民主主義』（ビジネス社、２０１１年）
	１９９５	
45		『大東亜戦争ここに甦る 戦争と軍隊、そして国運の大研究』（クレスト社）
46		『封印の昭和史―戦後50年自虐の終焉』（徳間書店、渡部昇一との共著）、新版『封印の昭和史―戦後日本に仕組まれた「歴史の罠」の終焉』（徳間書店、２０２０年）
47		『太平洋戦争、こうすれば勝てた』（講談社、日下公人との共著）、改題『大東亜戦争、こうすれば勝てた』（講談社＋α文庫、２０００年）
	１９９６	
48		『これでも国家と呼べるのか 万死に値する大蔵・外務官僚の罪』（クレスト社）
49		『日本国民に告ぐ 誇りなき国家は、必ず滅亡する』（クレスト社）、新版（ワック、２００５年）
50		『小室直樹の中国原論』（徳間書店）、新版（徳間書店、２０２１年）
	１９９７	
51		『世紀末・戦争の構造 国際法知らずの日本人へ』（徳間文庫）、改題『戦争と国際法を知らない日本人へ』（徳間書店、２０２２年）
52		『人にはなぜ教育が必要なのか』（総合法令出版、色摩力夫と共著）

53		『小室直樹の資本主義原論』（東洋経済新報社）
54		『悪の民主主義―民主主義原論』（青春出版社）
	1998	
55		『日本人のための経済原論』（東洋経済新報社）
56		『韓非子の帝王学』（プレジデント社、西尾幹二・市川宏と共著）
	1999	
57		『歴史に観る日本の行く末 予言されていた現実！』（青春出版社）
	2000	
58		『日本の敗因 歴史は勝つために学ぶ』（講談社）、講談社＋α文庫、2001年
59		『日本人のための宗教原論』（徳間書店）、新版（徳間書店、2021年）
60		『資本主義のための革新（イノベーション） 小室直樹経済ゼミナール』（日経BP社）
	2001	
61		『数学嫌いな人のための数学 数学原論』（東洋経済新報社）
62		『痛快！憲法学 アメージング・スタディ』（集英社）、改題『日本人のための憲法原論』（集英社インターナショナル、2006年）
63		『新世紀への英知 われわれは、何を考え何をなすべきか』（祥伝社、谷沢永一・渡部昇一と共著）
	2002	
64		『人を作る教育 国をつくる教育 いまこそ、吉田松陰に学べ！』（日新報道、大越俊夫と共著）
65		『日本人のためのイスラム原論』（集英社インターナショナル）
66		『日本国憲法の問題点』（集英社インターナショナル）
	2003	
67		『論理の方法 社会科学のためのモデル』（東洋経済新報社）
	2004	
68		『経済学をめぐる巨匠たち 経済思想ゼミナール』（ダイヤモンド社）
	2007	
69		『硫黄島栗林忠道大将の教訓』（ワック）

本書は、一九九三年に刊行された『「天皇」の原理』（文藝春秋刊）の新装版です。

小室直樹（こむろ なおき）

1932年、東京生まれ。京都大学理学部数学科卒。大阪大学大学院経済学研究科中退、東京大学大学院法学政治学研究科修了。マサチューセッツ工科大学、ミシガン大学、ハーバード大学に留学。1972年、東京大学から法学博士号を授与される。2010年没。
著書は『ソビエト帝国の崩壊』『韓国の悲劇』『日本人のための経済原論』『日本人のための宗教原論』『戦争と国際法を知らない日本人へ』他多数。渡部昇一氏との共著に『自ら国を潰すのか』『封印の昭和史』がある。

「天皇」の原理

第1刷　2023年3月31日

著者／小室直樹

発行人／小宮英行
発行所／株式会社 徳間書店　〒141-8202　東京都品川区上大崎 3-1-1　目黒セントラルスクエア
電話／編集 03-5403-4344　販売 049-293-5521
振替／00140-0-44392
カバー印刷／近代美術株式会社
印刷・製本／中央精版印刷株式会社

ISBN978-4-19-865509-9